RANGO em

CROCODILAGEM

Texto de acordo com a nova ortografia.

Capa: Edgar Vasques
Revisão: L&PM Editores

CIP-Brasil. Catalogação na publicação
Sindicato Nacional dos Editores de Livros, RJ

V462c

Vasques, Edgar, 1949-
    Crocodilagem / Edgar Vasques. – 1. ed. – Porto Alegre: L&PM, 2018.
    80 p. : il. ; 14 cm.

    ISBN 978-85-254-3789-1

    1. História em quadrinhos. I. Título.

18-51281   CDD: 741.5
                           CDU: 741.5

Vanessa Mafra Xavier Salgado - Bibliotecária - CRB-7/6644

Todos os direitos desta edição reservados a L&PM Editores
Rua Comendador Coruja, 314, loja 9 – Floresta – 90.220-180
Porto Alegre – RS – Brasil / Fone: 51.3225.5777

PEDIDOS & DEPTO. COMERCIAL: vendas@lpm.com.br
FALE CONOSCO: info@lpm.com.br
www.lpm.com.br

Impresso no Brasil
Inverno de 2018

EDGAR VASQUES

RANGO em

CROCODILAGEM

L&PM
EDITORES

RANGO, O HERÓI DO NOSSO TEMPO

(Prefácio à primeira edição de *Rango* publicado em agosto de 1974)

Recomendo este livro com o maior entusiasmo. Eis um humorista autêntico em que anedota e traço são da melhor qualidade. Edgar Vasques é um caricaturista de primeira ordem. Dirão os felizes acomodados da vida que suas estórias nos deixam um ressaibo amargo. Claro! Vasques é o campeão do marginal, do homem que sofre de fome crônica. Faz no reino do humorismo o que Josué de Castro fez no da sociologia, isto é, chama a atenção do mundo para o trágico problema dos famintos. Cada uma de suas pequenas estórias em quadrinhos vale por um editorial de jornal – mas um editorial realista, corajoso e pungente. Rango é um herói de nosso tempo, de todos os tempos.

Se há sarcasmo neste pequeno livro que nos faz rir e pensar, esse sarcasmo será menos do artista do que uma imposição inelutável dos temas de que ele trata.

Recusando a alienação, o caricaturista Vasques combate a miséria com as grandes e nobres armas de que dispõe: pena, tinta, espírito de solidariedade humana... e talento.

Erico Verissimo

RANGO 2018

Criado em 1970, o Rango é um dos personagens mais longevos do humor gráfico brasileiro. Talvez porque o país tenha tanta dificuldade de lidar com o leitmotiv da tira: a miséria. Foi criado como a reação possível, num contexto de censura, a uma baita contradição: o miserê crescente nas ruas... sob o silêncio total a respeito. Superado esse período de censura bruta, foi possível aprofundar o assunto, e o Rango passou a pensar nas causas e consequências da miséria, ou seja, a própria estrutura social e econômica do Brasil.

Fiel a um humor que esclarece (desde a primeira coletânea em 1974 e com a bênção poderosa de Erico Verissimo), o pensador do monturo encara agora a crocodilagem ambiente. Traição, o termo (segundo o *Houaiss*) tem mais acepções na língua do vulgo: sacanagem, hipocrisia, cinismo, fingimento etc. Tudo o que temos sofrido nestes tempos de tremendo retrocesso pós-golpe, desde 2016.

E o velho Rango, desde 2007 no mensário *Extra Classe*, de Porto Alegre, segue firme no seu papel de cronista, na boa tradição da tira brasileira. A luta continua.

Edgar Vasques, julho de 2018

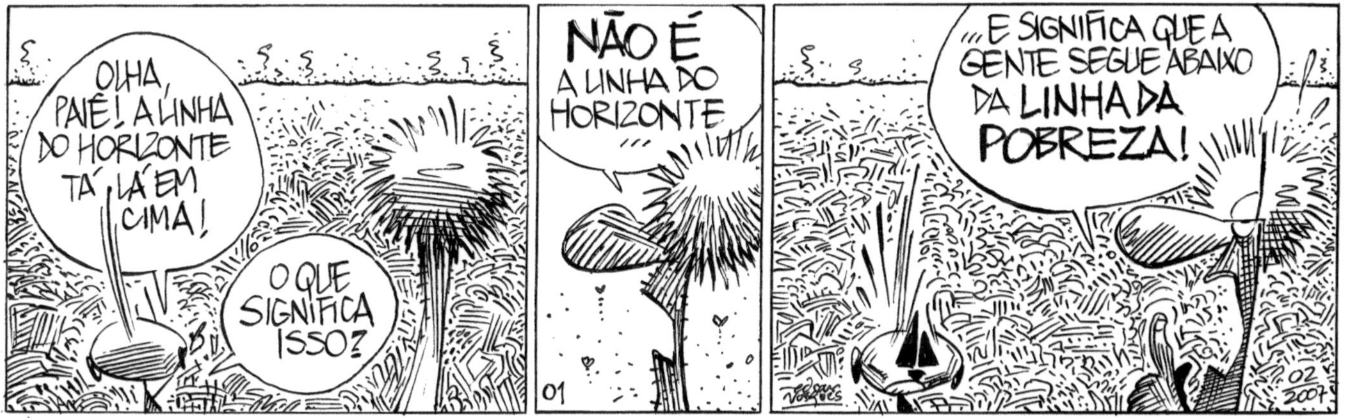
OLHA, PAIÊ! A LINHA DO HORIZONTE TÁ LÁ EM CIMA!
O QUE SIGNIFICA ISSO?
NÃO É A LINHA DO HORIZONTE ...
01
... E SIGNIFICA QUE A GENTE SEGUE ABAIXO DA LINHA DA POBREZA!
02 2007

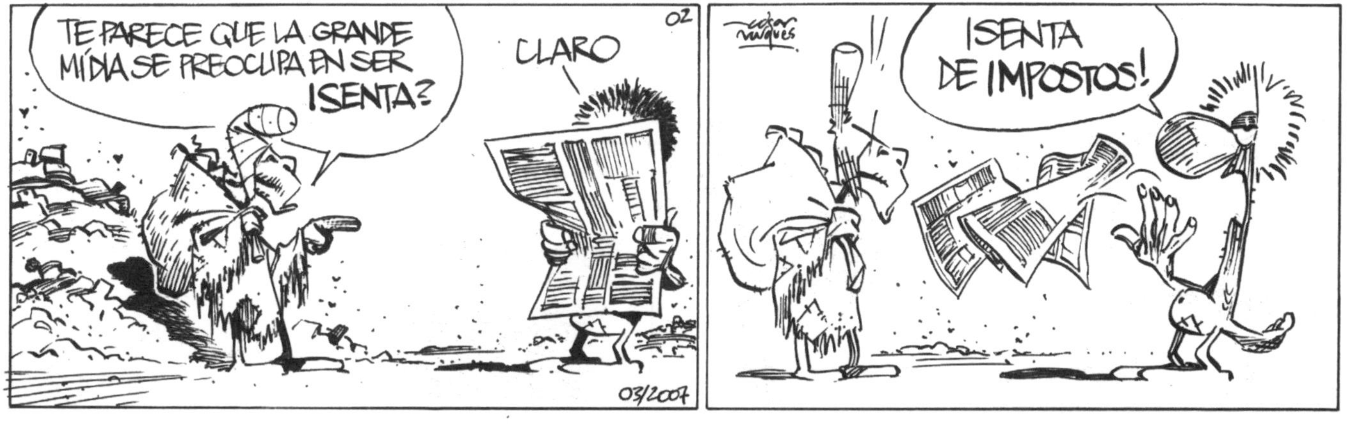
TE PARECE QUE LA GRANDE MÍDIA SE PREOCUPA EN SER ISENTA?
CLARO
02
03/2007
ISENTA DE IMPOSTOS!

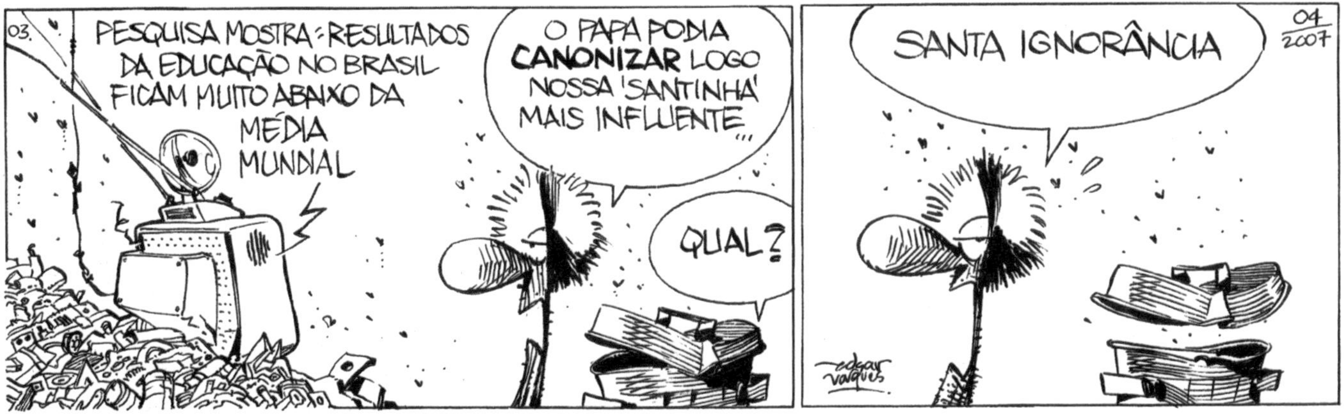
03.
PESQUISA MOSTRA: RESULTADOS DA EDUCAÇÃO NO BRASIL FICAM MUITO ABAIXO DA MÉDIA MUNDIAL
O PAPA PODIA **CANONIZAR** LOGO NOSSA 'SANTINHA' MAIS INFLUENTE...
QUAL?
SANTA IGNORÂNCIA
04 2007

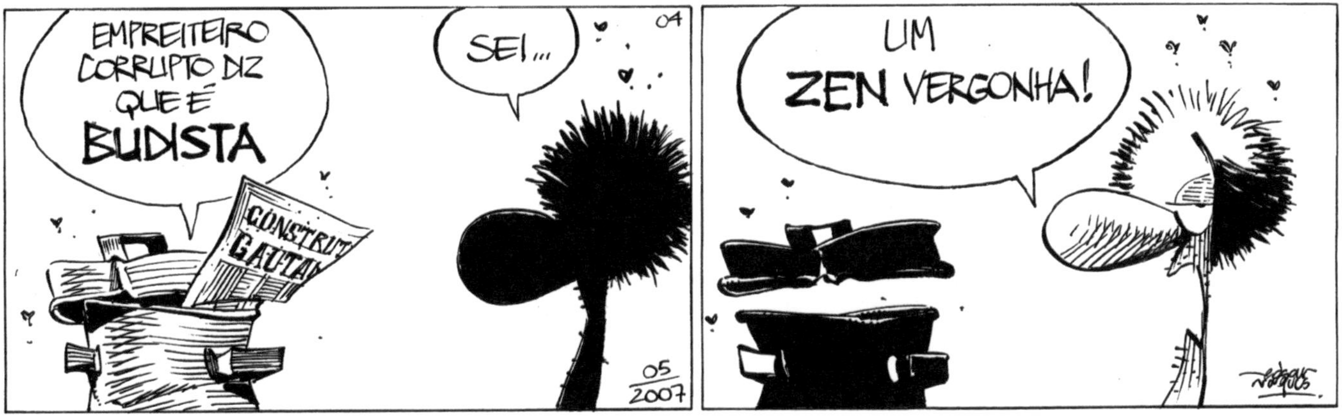
EMPREITEIRO CORRUPTO DIZ QUE É **BUDISTA**
SEI...
04
05 2007
UM **ZEN** VERGONHA!

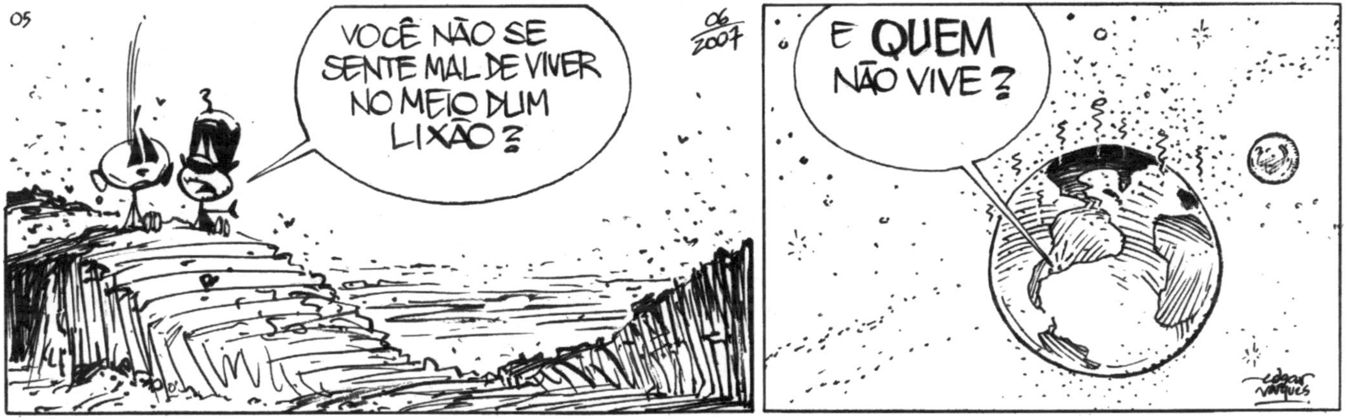
05
06/2007
VOCÊ NÃO SE SENTE MAL DE VIVER NO MEIO DUM LIXÃO?
E QUEM NÃO VIVE?

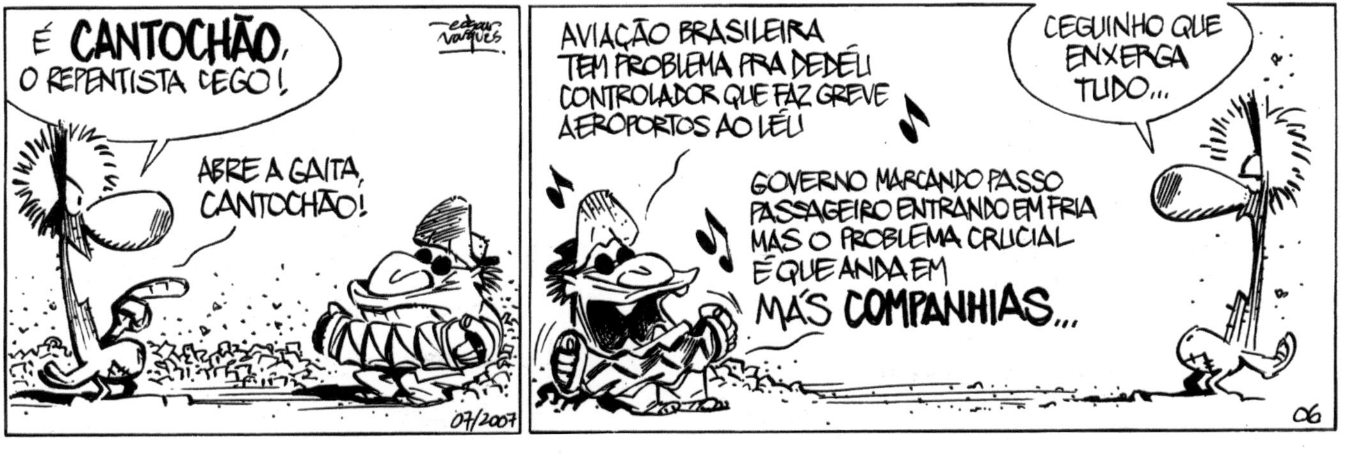
É CANTOCHÃO, O REPENTISTA CEGO!
ABRE A GAITA, CANTOCHÃO!
07/2007
AVIAÇÃO BRASILEIRA
TEM PROBLEMA PRA DEDÉU
CONTROLADOR QUE FAZ GREVE
AEROPORTOS AO LÉU
GOVERNO MARCANDO PASSO
PASSAGEIRO ENTRANDO EM FRIA
MAS O PROBLEMA CRUCIAL
É QUE ANDA EM
MÁS COMPANHIAS...
CEGUINHO QUE ENXERGA TUDO...
06

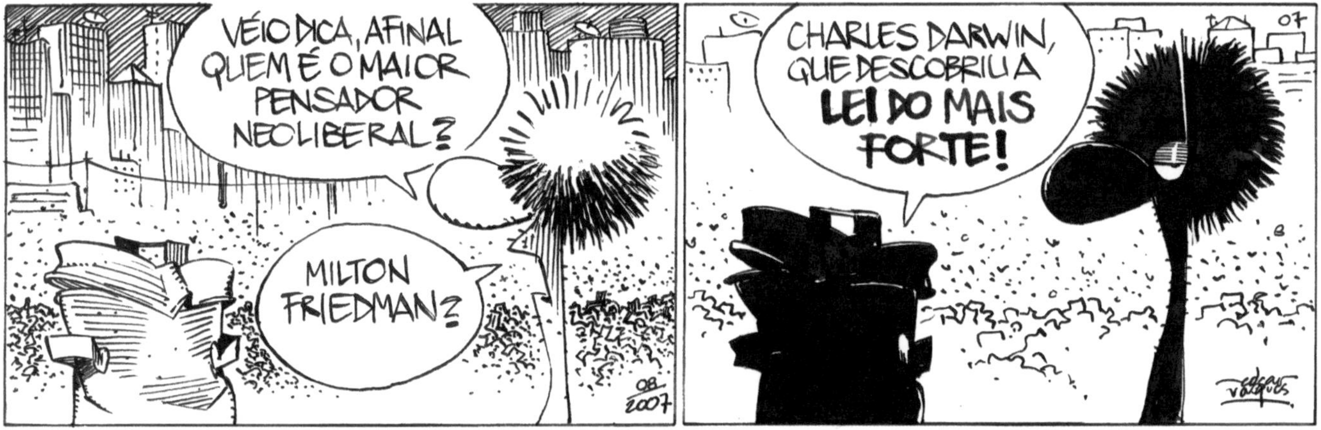
VÉIO DICA, AFINAL QUEM É O MAIOR PENSADOR NEOLIBERAL?
MILTON FRIEDMAN?
08 2007
CHARLES DARWIN, QUE DESCOBRIU A LEI DO MAIS FORTE!
07

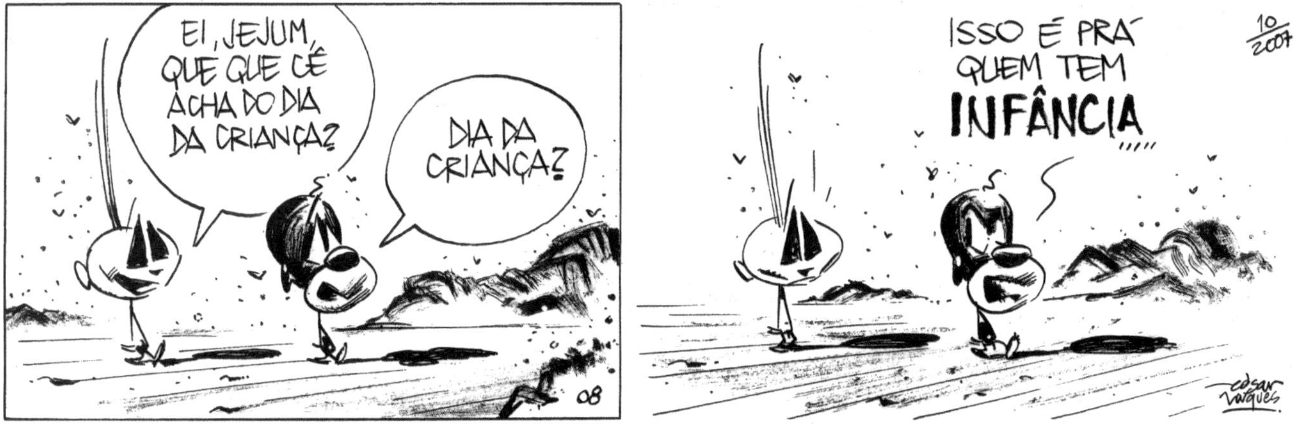
EI, JEJUM, QUE QUE CÊ ACHA DO DIA DA CRIANÇA?
DIA DA CRIANÇA?
08
ISSO É PRÁ QUEM TEM INFÂNCIA
10 2007

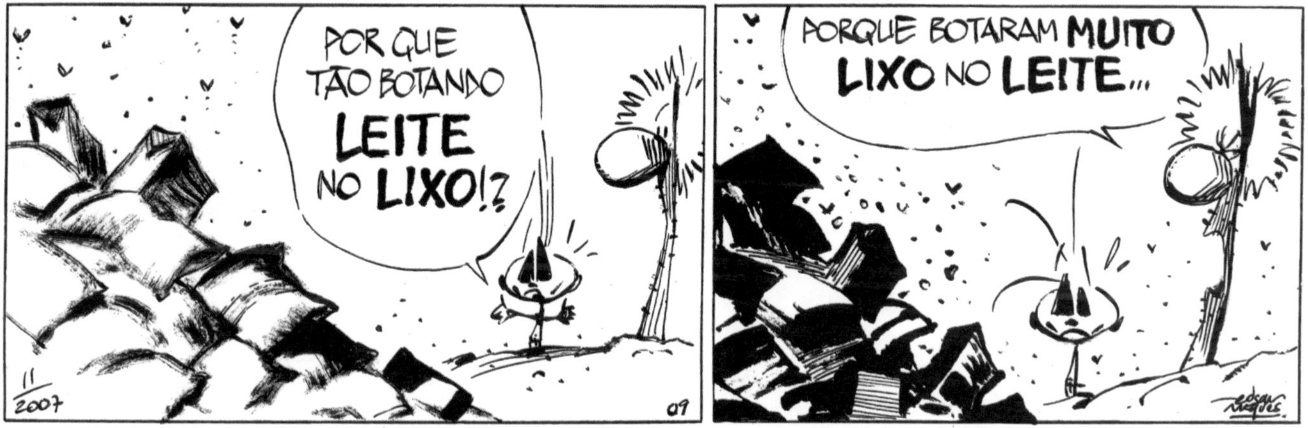
POR QUE TÃO BOTANDO LEITE NO LIXO!?
PORQUE BOTARAM MUITO LIXO NO LEITE...
11/2007
09
edgar marques

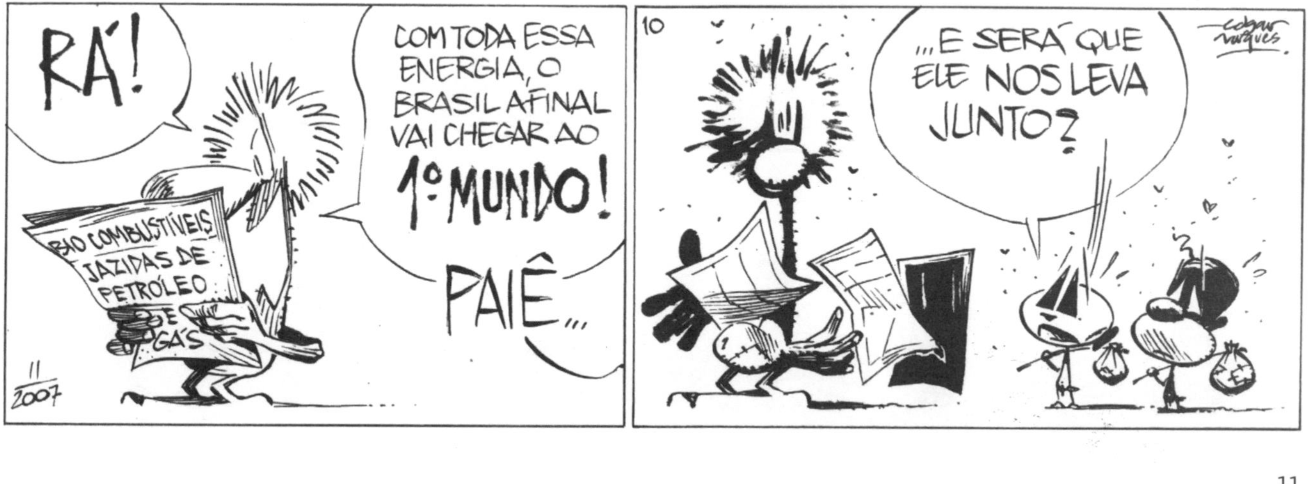
RÁ!
BIO COMBUSTÍVEIS JAZIDAS DE PETRÓLEO E GÁS
COM TODA ESSA ENERGIA, O BRASIL AFINAL VAI CHEGAR AO 1º MUNDO!
PAIÊ...
11/2007
10
edgar marques
...E SERÁ QUE ELE NOS LEVA JUNTO?

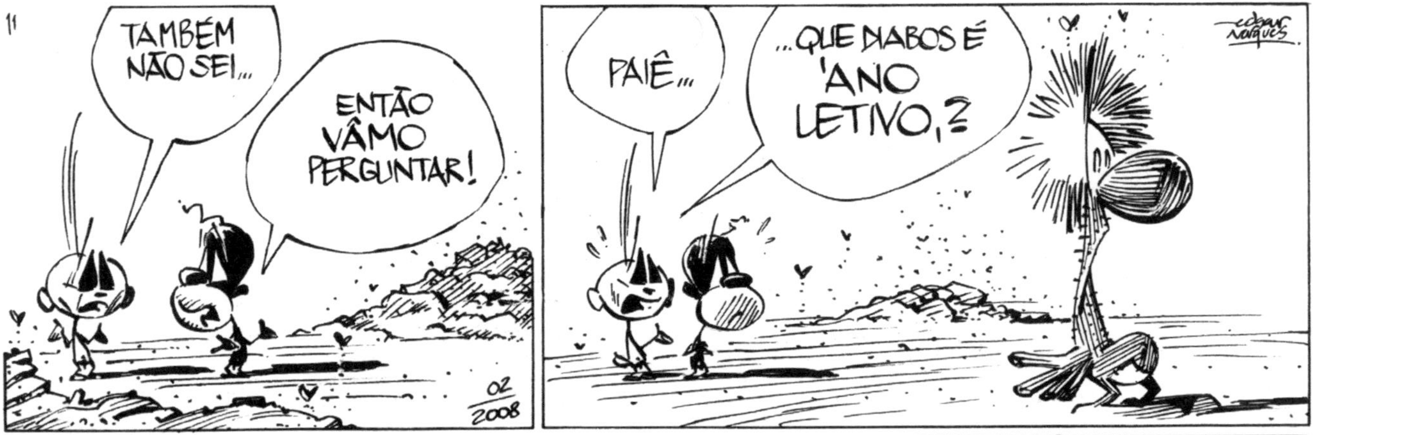
11
TAMBÉM NÃO SEI...
ENTÃO VÂMO PERGUNTAR!
02/2008
PAIÊ...
...QUE DIABOS É 'ANO LETIVO,?
edgar vasques

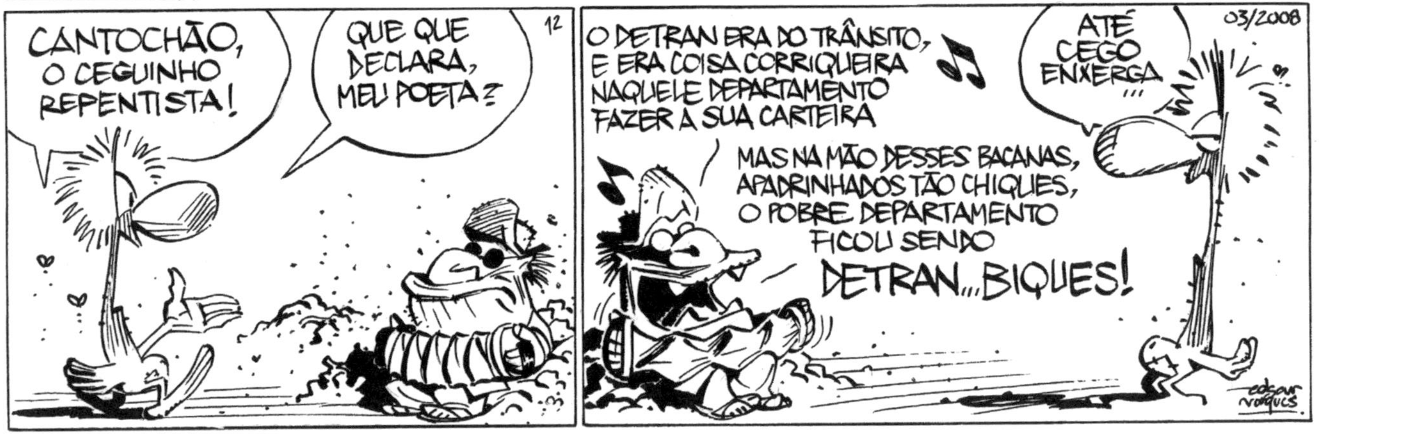
CANTOCHÃO, O CEGUINHO REPENTISTA!
QUE QUE DECLARA, MEU POETA?
12
O DETRAN ERA DO TRÂNSITO, E ERA COISA CORRIQUEIRA NAQUELE DEPARTAMENTO FAZER A SUA CARTEIRA
MAS NA MÃO DESSES BACANAS, APADRINHADOS TÃO CHIQUES, O POBRE DEPARTAMENTO FICOU SENDO
DETRAN...BIQUES!
ATÉ CEGO ENXERGA...
03/2008
edgar vasques

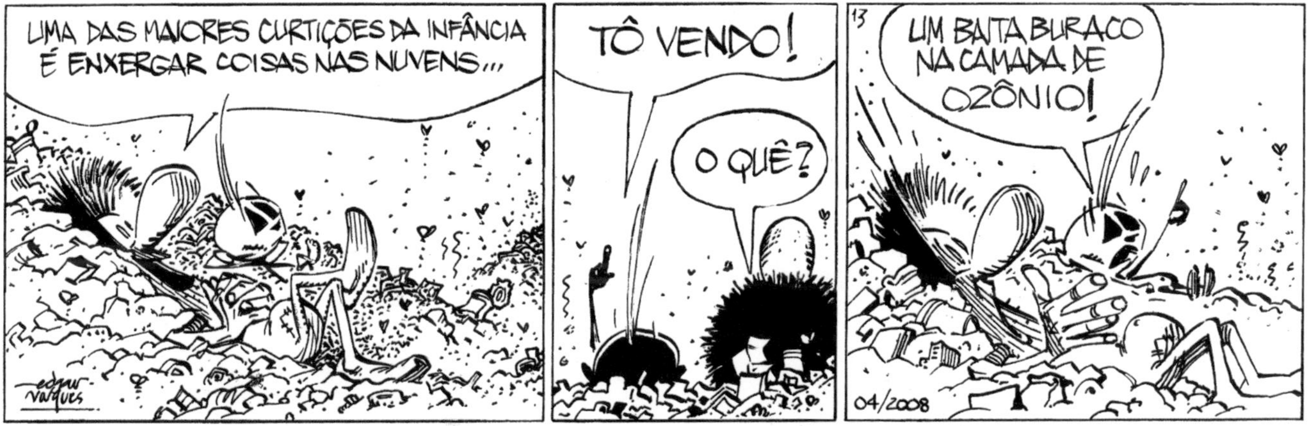
UMA DAS MAIORES CURTIÇÕES DA INFÂNCIA É ENXERGAR COISAS NAS NUVENS...
TÔ VENDO!
O QUÊ?
13
UM BAITA BURACO NA CAMADA DE OZÔNIO!
04/2008

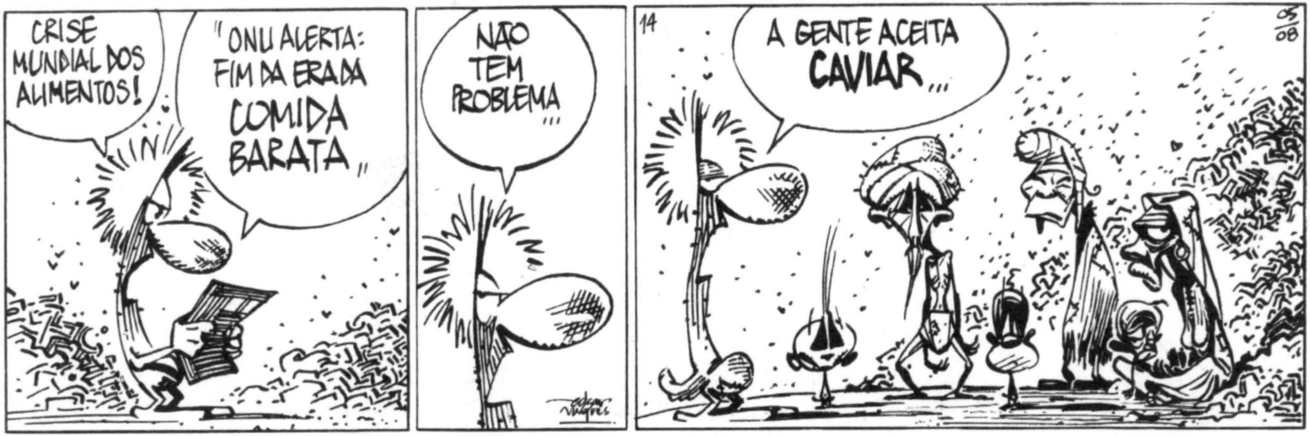
CRISE MUNDIAL DOS ALIMENTOS!
"ONU ALERTA: FIM DA ERA DA COMIDA BARATA"
NÃO TEM PROBLEMA...
14
05/08
A GENTE ACEITA CAVIAR...

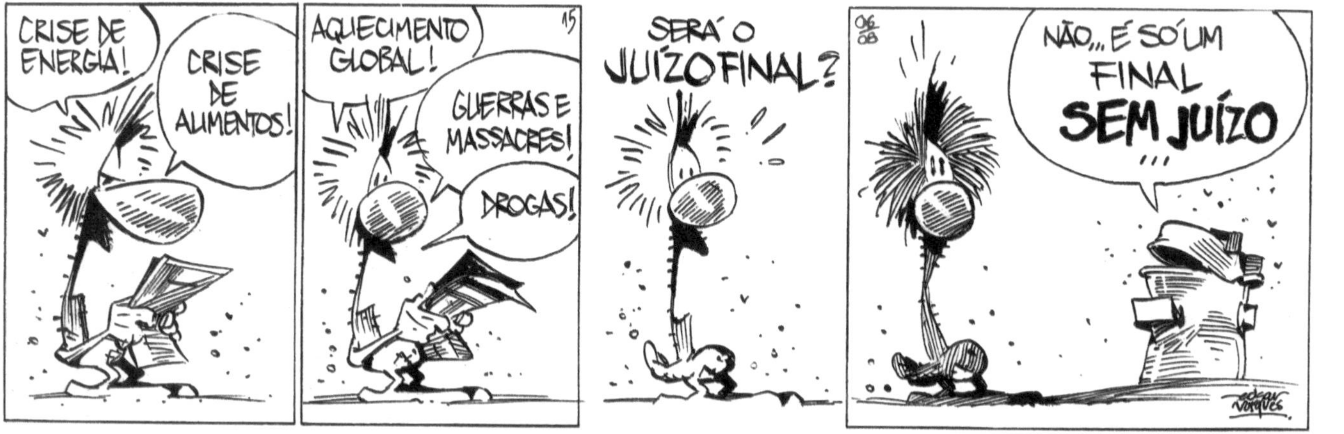
15
CRISE DE ENERGIA!
CRISE DE ALIMENTOS!
AQUECIMENTO GLOBAL!
GUERRAS E MASSACRES!
DROGAS!
SERÁ O JUÍZO FINAL?
06/08
NÃO... É SÓ UM FINAL SEM JUÍZO ...

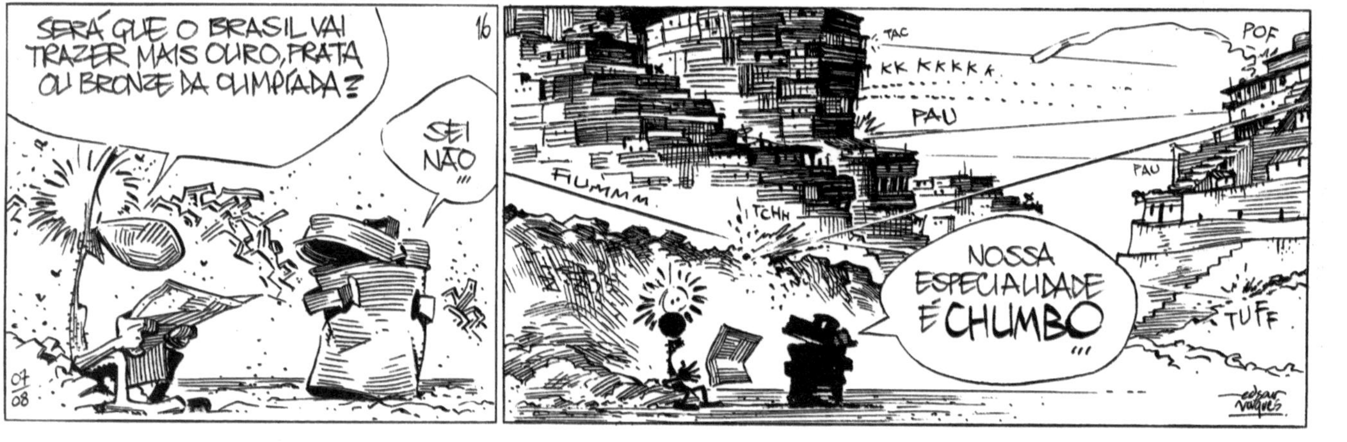
16
SERÁ QUE O BRASIL VAI TRAZER MAIS OURO, PRATA OU BRONZE DA OLIMPÍADA?
SEI NÃO ...
07/08
TAC
KK KKKKK
PAU
POF
PAU
FIUMMMM
TCHH
NOSSA ESPECIALIDADE É CHUMBO ...
TUFF

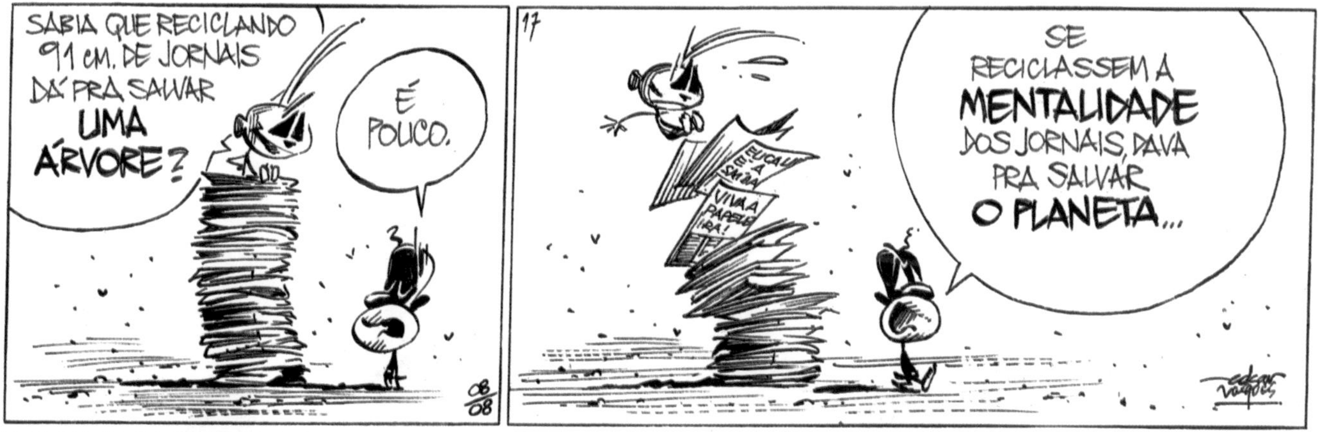
SABIA QUE RECICLANDO 91 CM. DE JORNAIS DÁ PRA SALVAR UMA ÁRVORE?
É POUCO.
SE RECICLASSEM A MENTALIDADE DOS JORNAIS, DAVA PRA SALVAR O PLANETA...

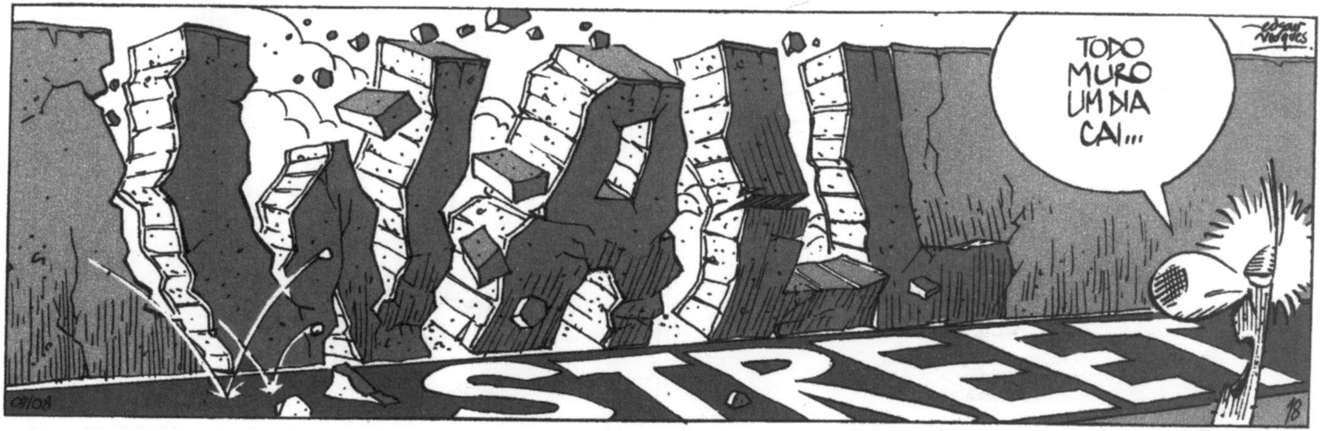
TODO MURO UM DIA CAI...

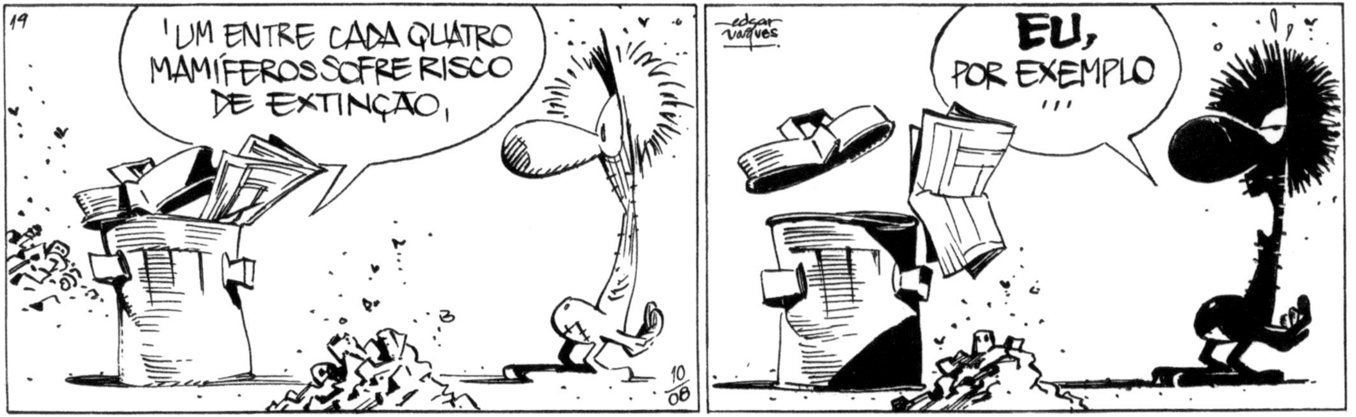
19
'UM ENTRE CADA QUATRO MAMÍFEROS SOFRE RISCO DE EXTINÇÃO,
10/08
edgar vasques
EU, POR EXEMPLO
'''

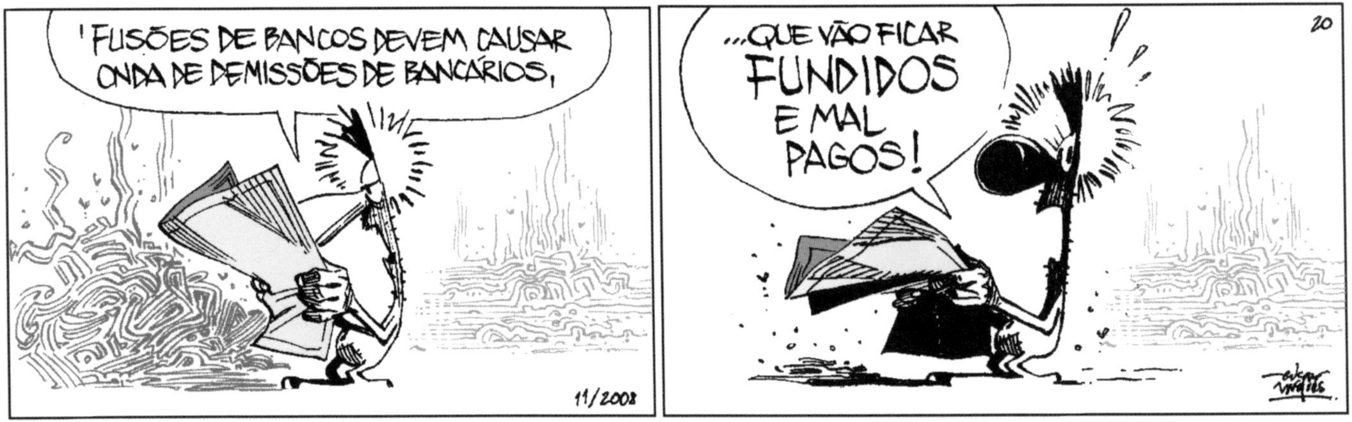
'FUSÕES DE BANCOS DEVEM CAUSAR ONDA DE DEMISSÕES DE BANCÁRIOS,
11/2008
20
...QUE VÃO FICAR FUNDIDOS E MAL PAGOS!
edgar vasques

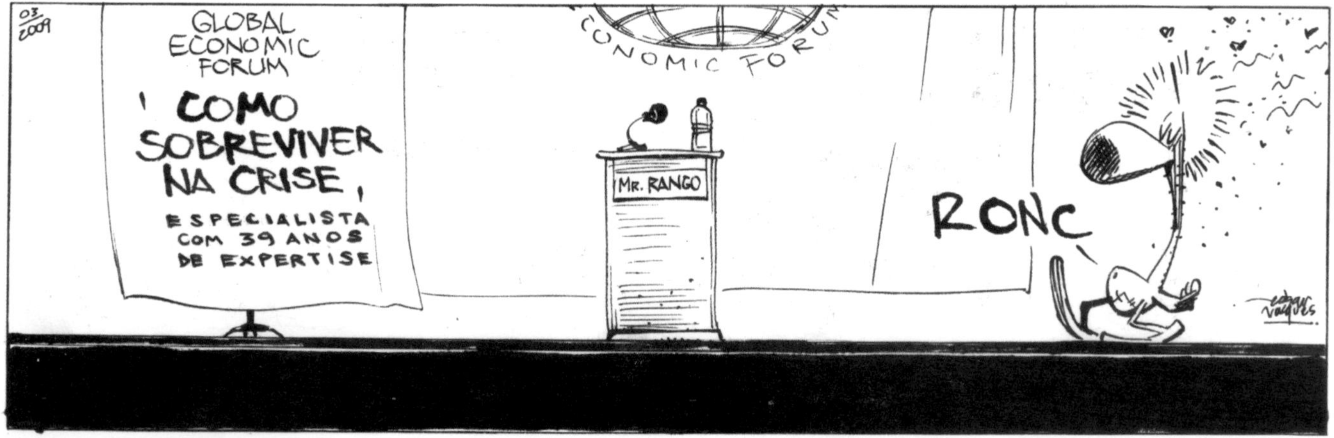
03/2009
GLOBAL ECONOMIC FORUM
COMO SOBREVIVER NA CRISE
ESPECIALISTA COM 39 ANOS DE EXPERTISE
MR. RANGO
RONC

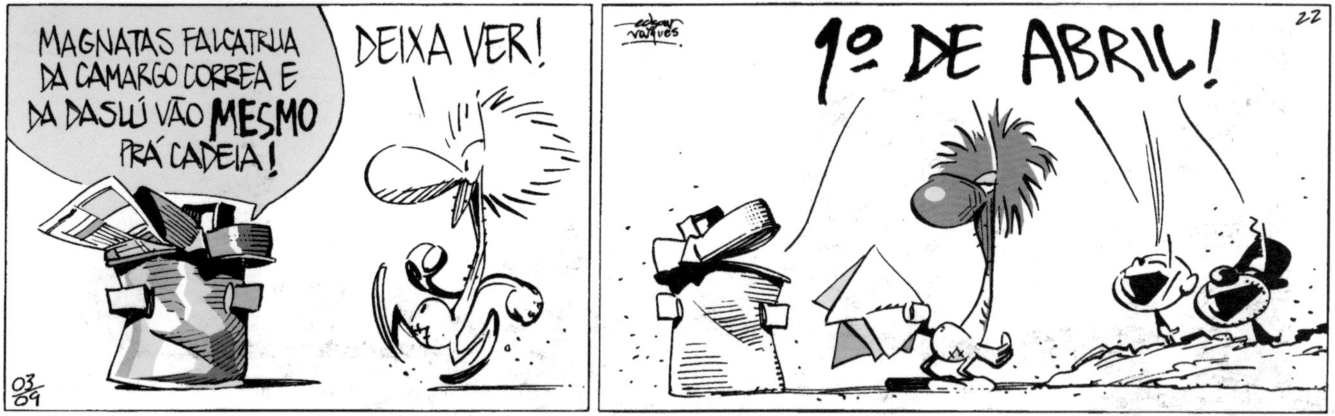
MAGNATAS FALCATRUA DA CAMARGO CORREA E DA DASLÚ VÃO MESMO PRÁ CADEIA!
DEIXA VER!
03/09
22
1º DE ABRIL!

23

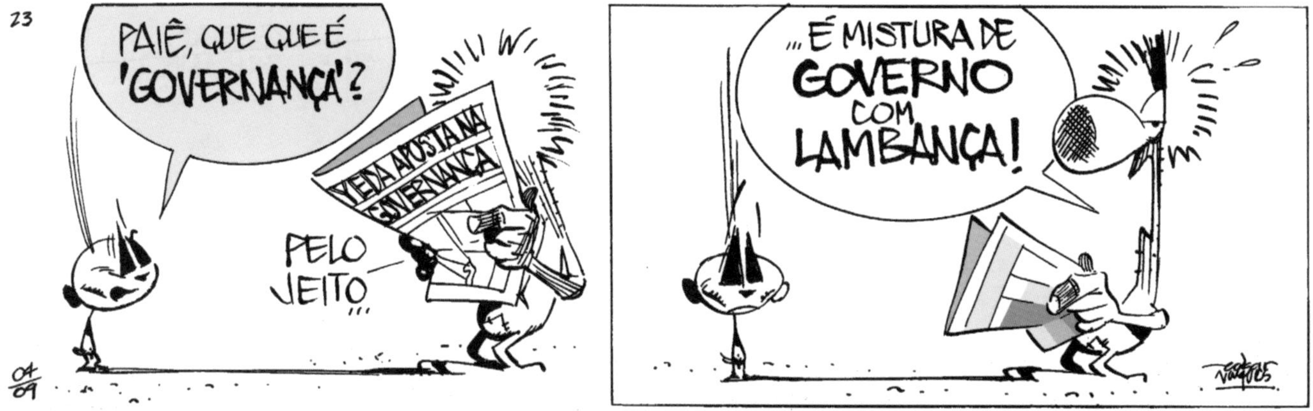
PAIÊ, QUE QUE É 'GOVERNANÇA'?
YEDA APOSTA NA GOVERNANÇA
PELO JEITO...
04/09
...É MISTURA DE GOVERNO COM LAMBANÇA!

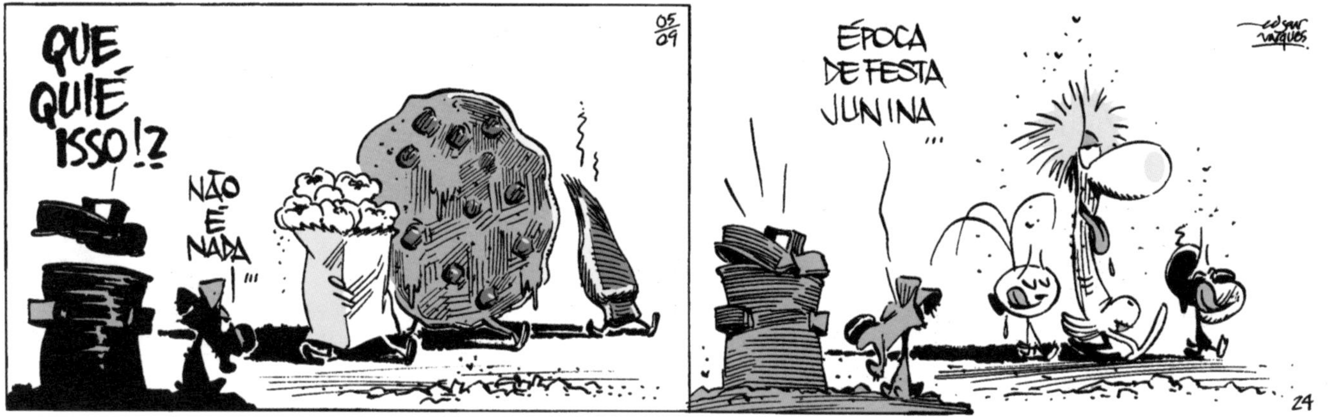
05/09
QUE QUIÉ ISSO!?
NÃO É NADA!...
ÉPOCA DE FESTA JUNINA...

24

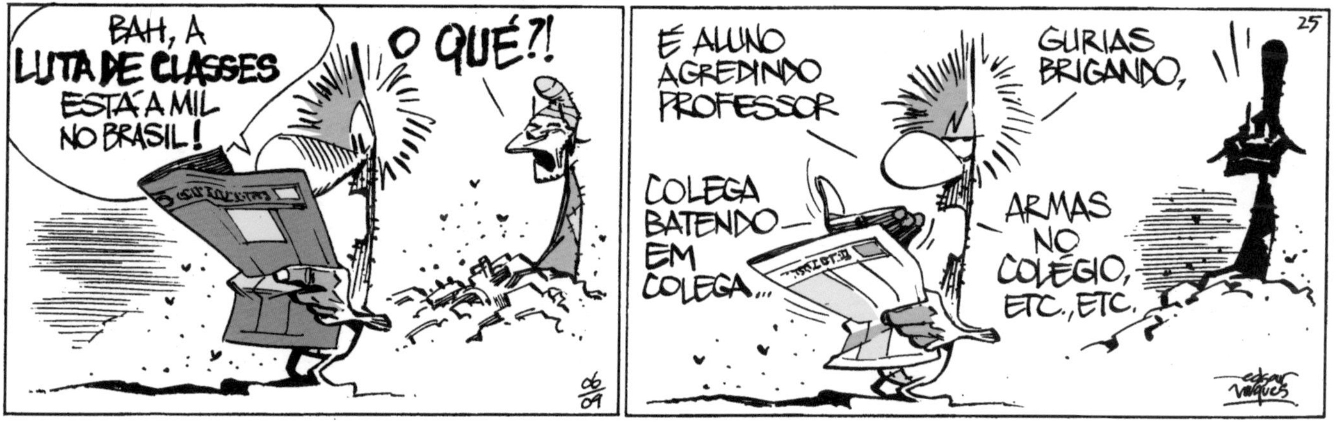
BAH, A LUTA DE CLASSES ESTÁ A MIL NO BRASIL!
O QUÉ?!
06/09
25
É ALUNO AGREDINDO PROFESSOR
GURIAS BRIGANDO,
COLEGA BATENDO EM COLEGA...
ARMAS NO COLÉGIO, ETC., ETC.
edgar vasques

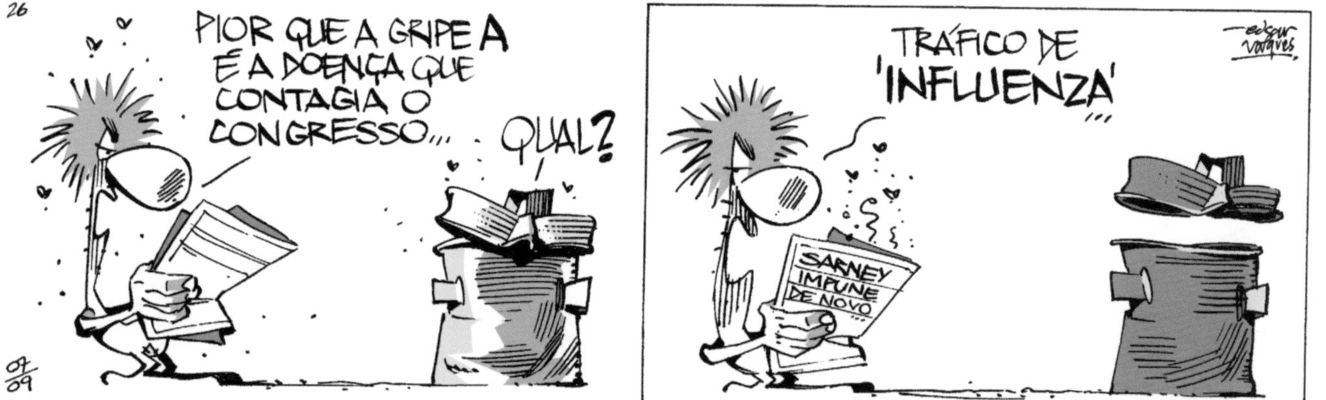
26
PIOR QUE A GRIPE A É A DOENÇA QUE CONTAGIA O CONGRESSO...
QUAL?
07/09
edgar vasques
TRÁFICO DE 'INFLUENZA'...
SARNEY IMPUNE DE NOVO

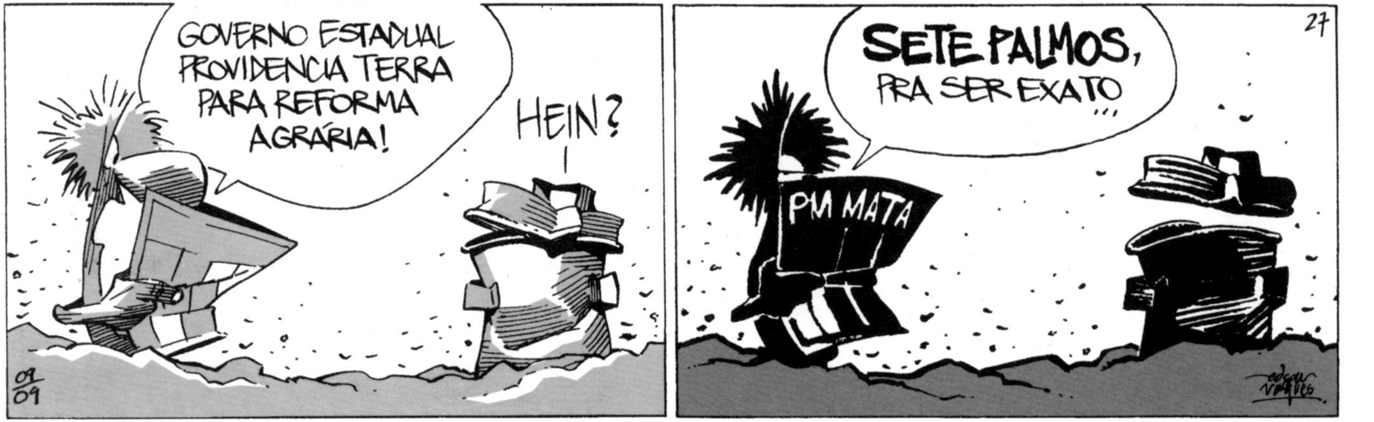
GOVERNO ESTADUAL PROVIDENCIA TERRA PARA REFORMA AGRÁRIA!
HEIN?
09/09
27
SETE PALMOS, PRA SER EXATO...
PM MATA

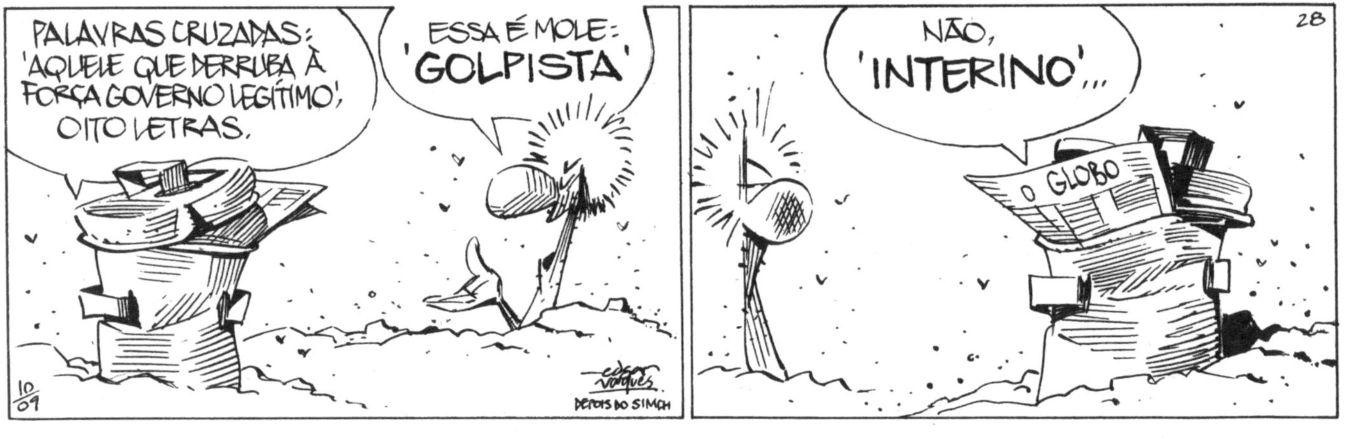
PALAVRAS CRUZADAS: 'AQUELE QUE DERRUBA À FORÇA GOVERNO LEGÍTIMO', OITO LETRAS.
ESSA É MOLE: 'GOLPISTA'
10/09
DEPOIS DO SIMCH
28
NÃO, 'INTERINO'...
O GLOBO

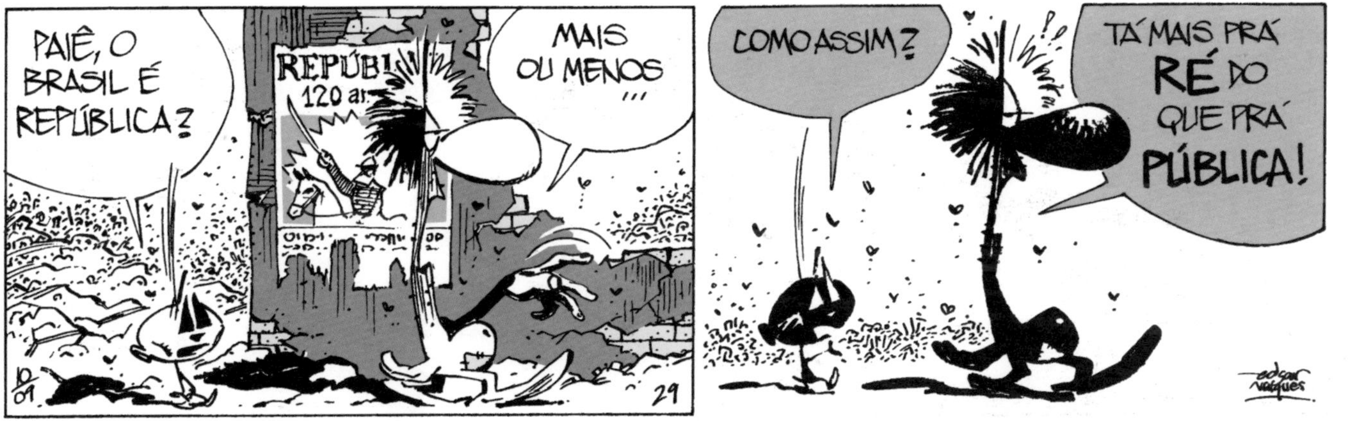
PAIÊ, O BRASIL É REPÚBLICA?
MAIS OU MENOS...
COMO ASSIM?
TÁ MAIS PRÁ RÉ DO QUE PRÁ PÚBLICA!
10/09
29
edgar vasques

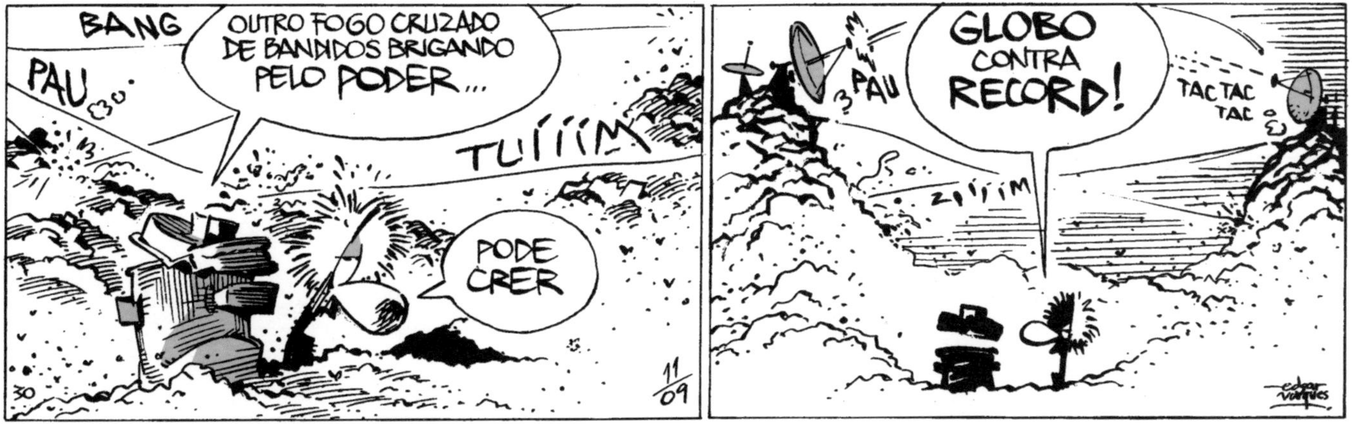
BANG
PAU
OUTRO FOGO CRUZADO DE BANDIDOS BRIGANDO PELO PODER...
TUÍÍÍM
PODE CRER
30
11/09
PAU
GLOBO CONTRA RECORD!
TAC TAC TAC
ZIÍÍIM
edgar vasques

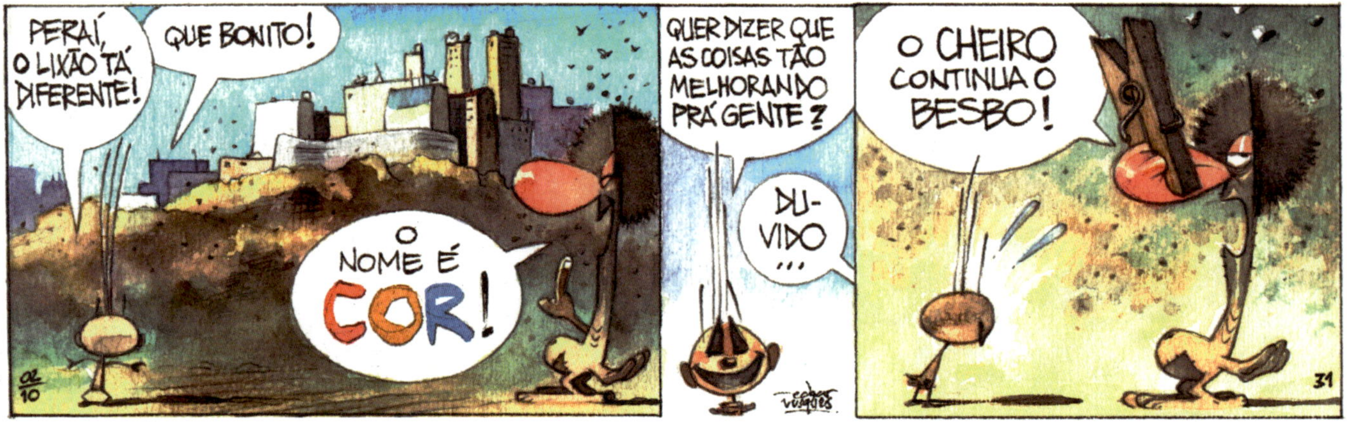
PERAÍ, O LIXÃO TÁ DIFERENTE!
QUE BONITO!
O NOME É COR!
02/10
QUER DIZER QUE AS COISAS TÃO MELHORANDO PRÁ GENTE?
DU-VIDO...
O CHEIRO CONTINUA O BESBO!
31

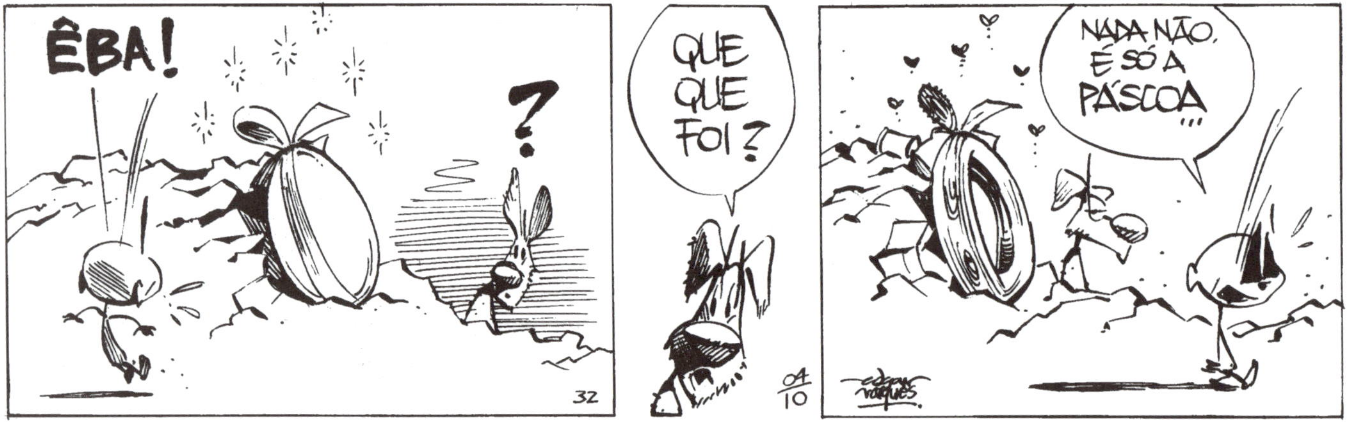
ÊBA!
?
32
QUE QUE FOI?
04/10
NADA NÃO, É SÓ A PÁSCOA...

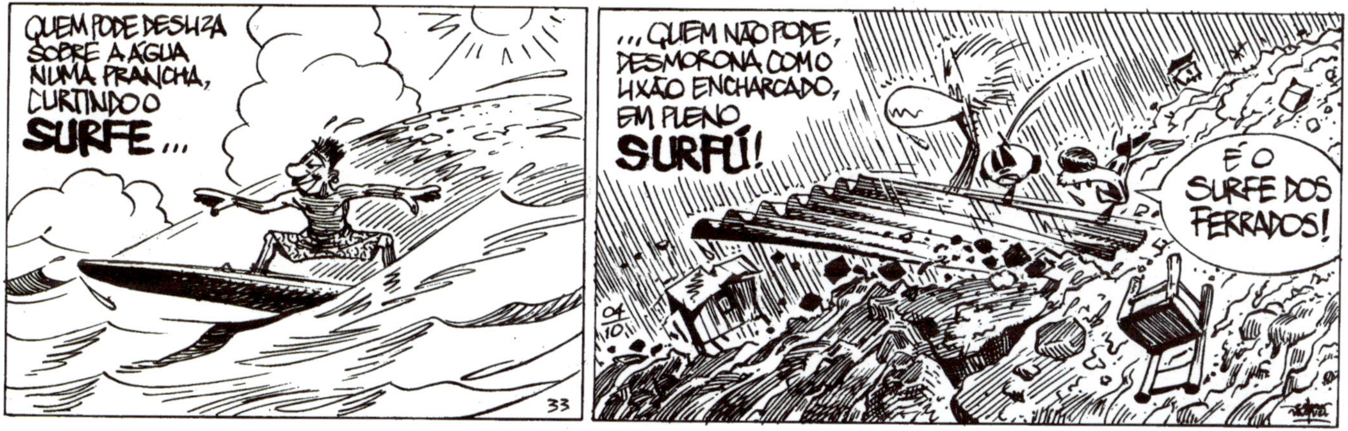
QUEM PODE DESLIZA SOBRE A ÁGUA NUMA PRANCHA, CURTINDO O **SURFE**...
33
...QUEM NÃO PODE, DESMORONA COMO O LIXÃO ENCHARCADO, EM PLENO **SURFÚ!**
É O SURFE DOS FERRADOS!
04/10

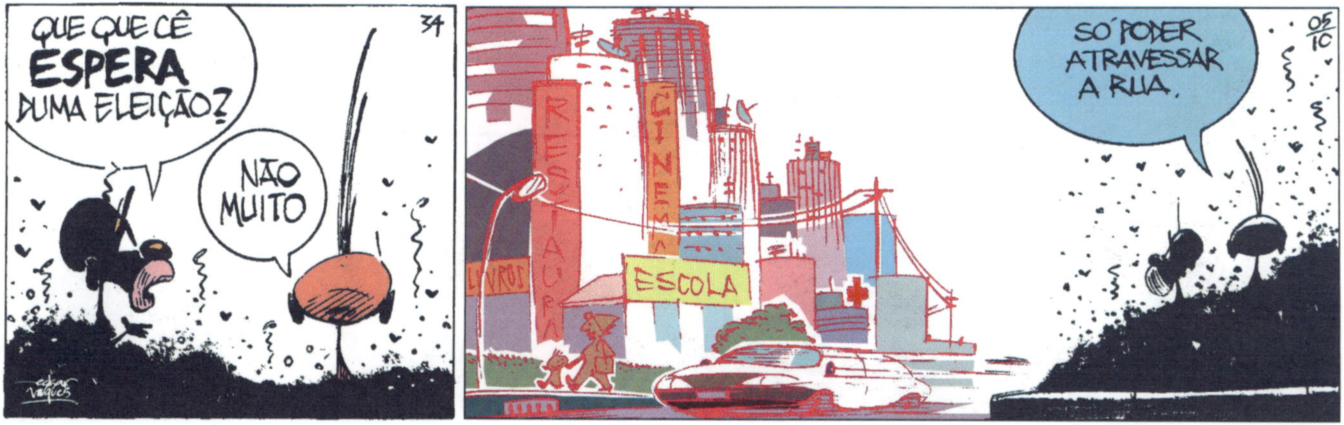
34
QUE QUE CÊ **ESPERA** DUMA ELEIÇÃO?
NÃO MUITO
05/10
CINEMA
ESCOLA
LIVROS
SÓ PODER ATRAVESSAR A RUA.

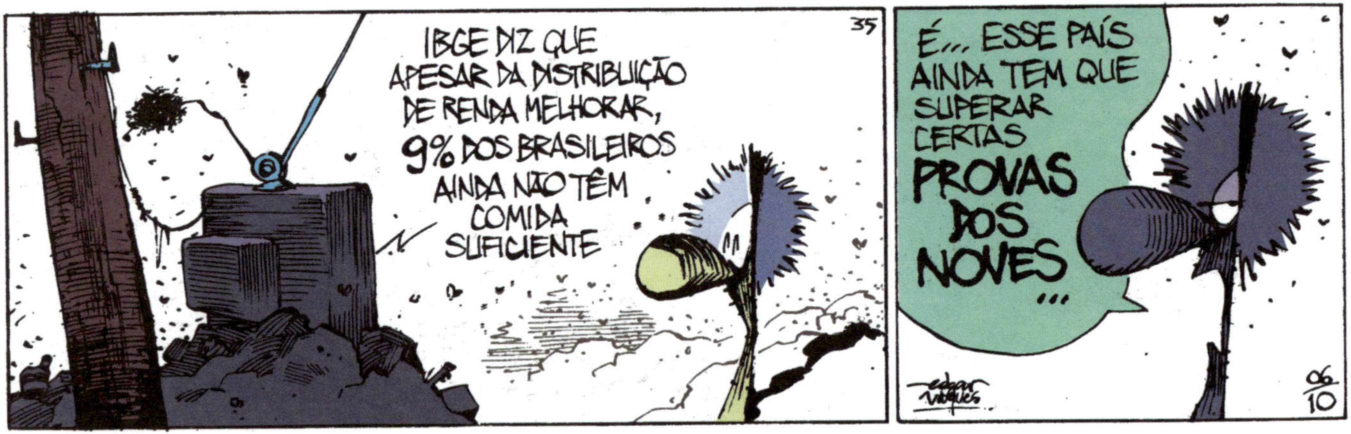
35
IBGE DIZ QUE APESAR DA DISTRIBUIÇÃO DE RENDA MELHORAR, 9% DOS BRASILEIROS AINDA NÃO TÊM COMIDA SUFICIENTE
É... ESSE PAÍS AINDA TEM QUE SUPERAR CERTAS PROVAS DOS NOVES...
06/10

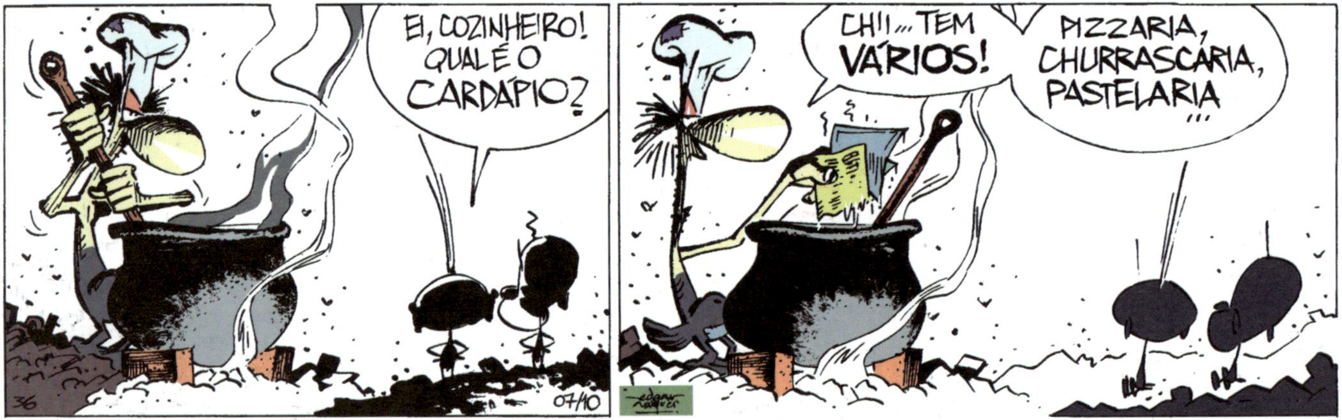
EI, COZINHEIRO! QUAL É O CARDÁPIO?
36
07/10
CHI!... TEM VÁRIOS!
PIZZARIA, CHURRASCARIA, PASTELARIA...

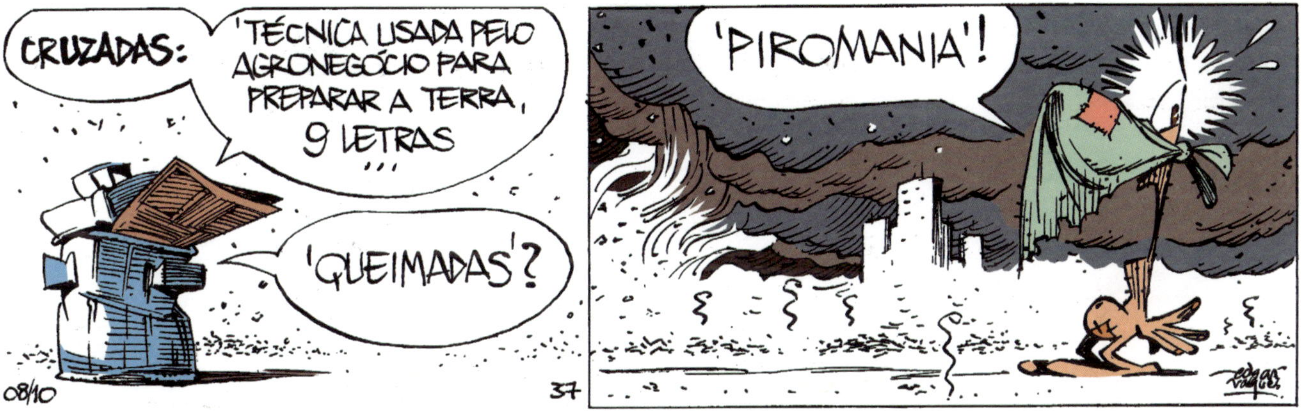
CRUZADAS:
'TÉCNICA USADA PELO AGRONEGÓCIO PARA PREPARAR A TERRA, 9 LETRAS'...
'QUEIMADAS'?
08/10
37
'PIROMANIA'!

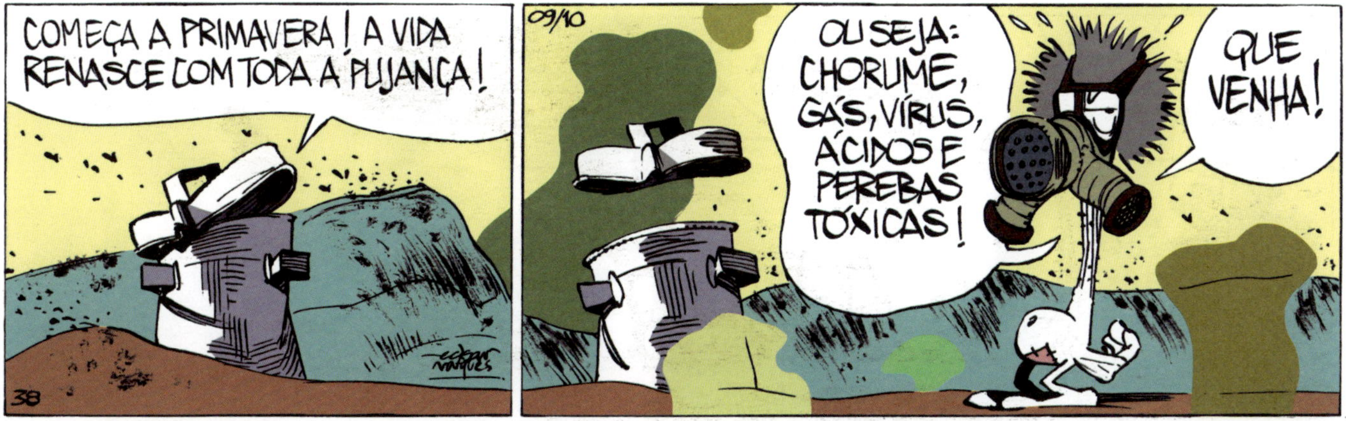
COMEÇA A PRIMAVERA! A VIDA RENASCE COM TODA A PUJANÇA!
38
09/10
OU SEJA: CHORUME, GÁS, VÍRUS, ÁCIDOS E PEREBAS TÓXICAS!
QUE VENHA!

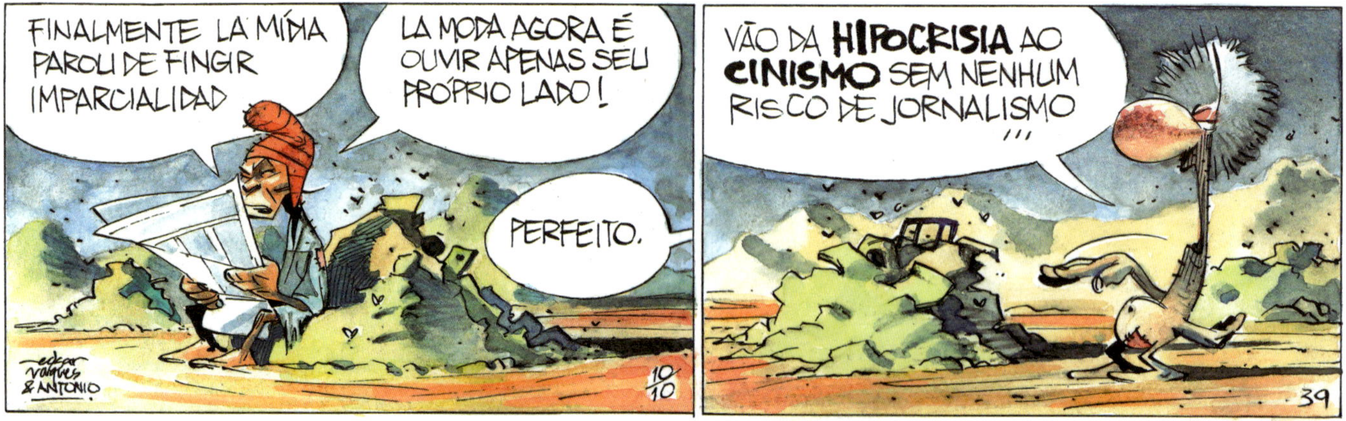
FINALMENTE LA MÍDIA PAROLI DE FINGIR IMPARCIALIDAD
LA MODA AGORA É OUVIR APENAS SEU PRÓPRIO LADO!
PERFEITO.
edgar vasques & ANTONIO
10/10
VÃO DA **HIPOCRISIA** AO **CINISMO** SEM NENHUM RISCO DE JORNALISMO
!!!
39

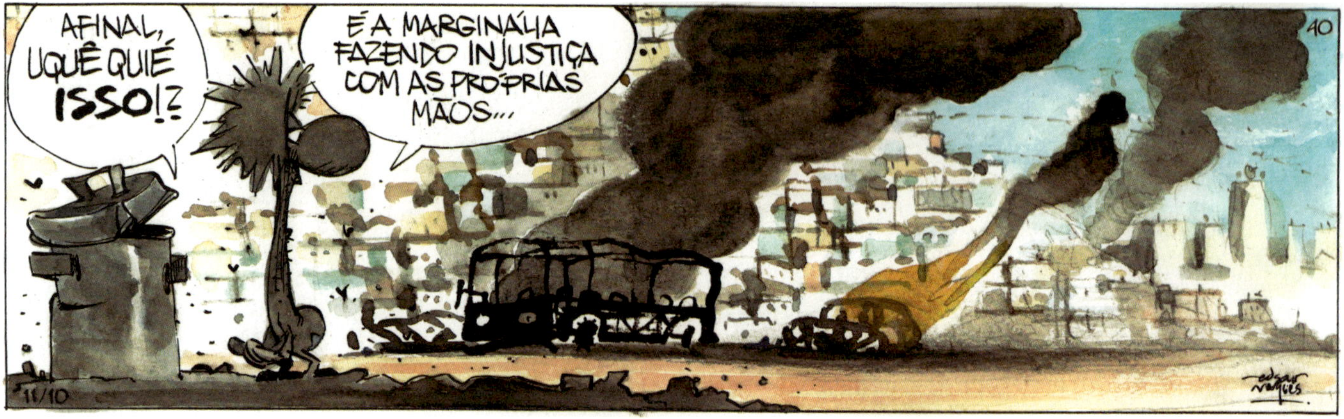
AFINAL, UQUÊ QUIÉ **ISSO**!?
É A MARGINÁLIA FAZENDO INJUSTIÇA COM AS PRÓPRIAS MÃOS...
40
11/10
edgar vasques

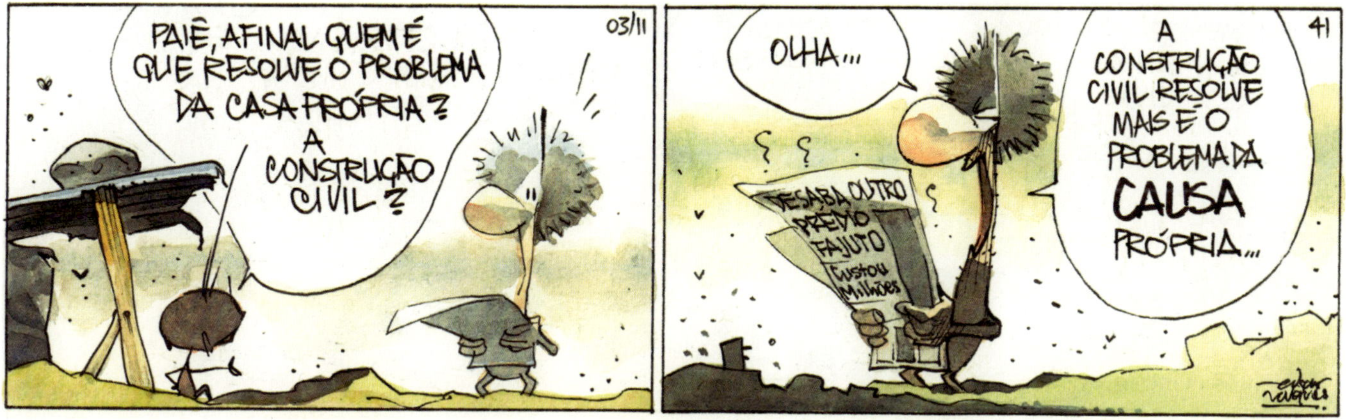
03/11
PAIÊ, AFINAL QUEM É QUE RESOLVE O PROBLEMA DA CASA PRÓPRIA?
A CONSTRUÇÃO CIVIL?
41
OLHA...
DESABA OUTRO PRÉDIO FAJUTO
Custou Milhões
A CONSTRUÇÃO CIVIL RESOLVE MAIS É O PROBLEMA DA CAUSA PRÓPRIA...

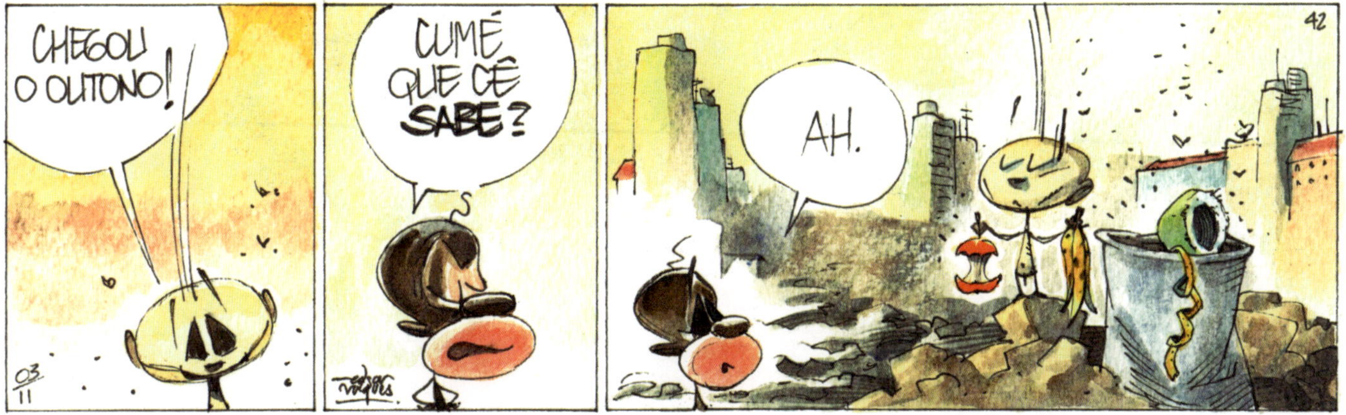
CHEGOU O OUTONO!
03 11
CUMÉ QUE CÊ SABE?
42
AH.

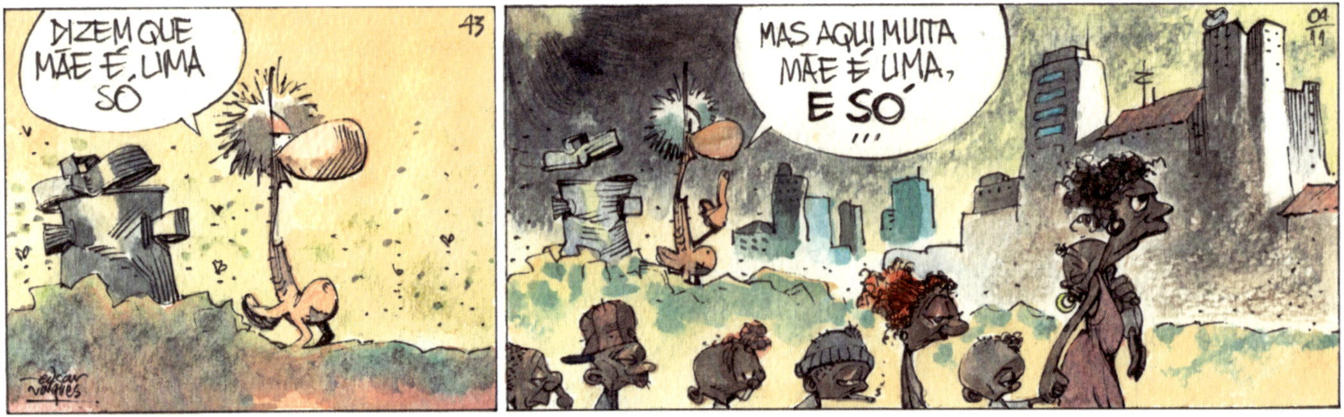
43
DIZEM QUE MÃE É UMA SÓ
04/11
MAS AQUI MUITA MÃE É UMA, E SÓ ...

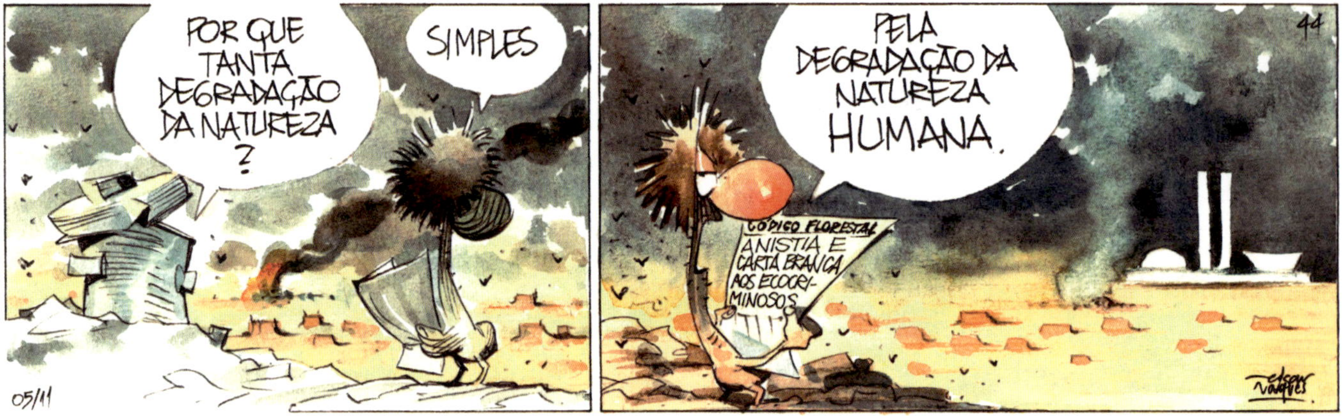
POR QUE TANTA DEGRADAÇÃO DA NATUREZA ?
SIMPLES
05/11
44
PELA DEGRADAÇÃO DA NATUREZA HUMANA.
CÓDIGO FLORESTAL
ANISTIA E CARTA BRANCA AOS ECOCRI-MINOSOS

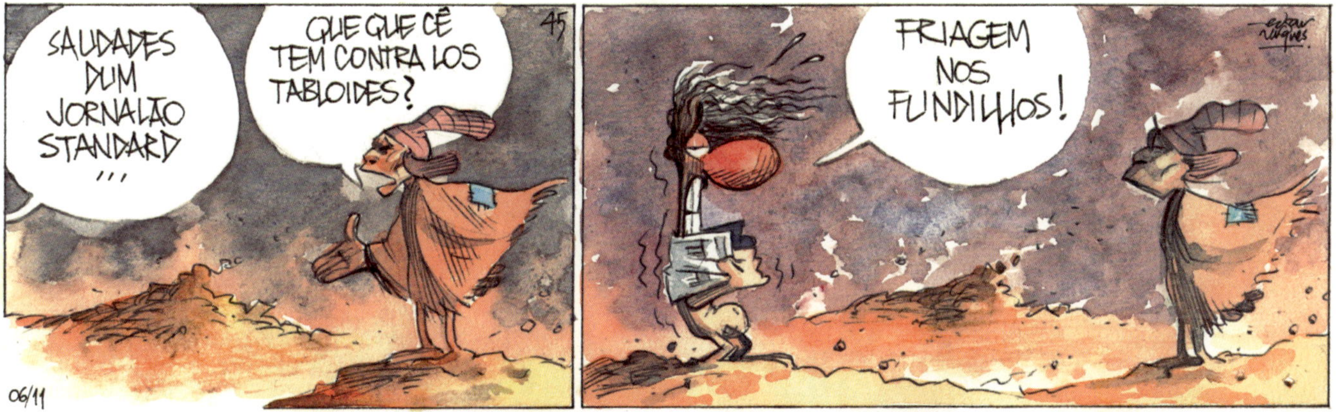
45
SAUDADES DUM JORNALÃO STANDARD ...
QUE QUE CÊ TEM CONTRA LOS TABLOIDES?
FRIAGEM NOS FUNDILHOS!
06/11

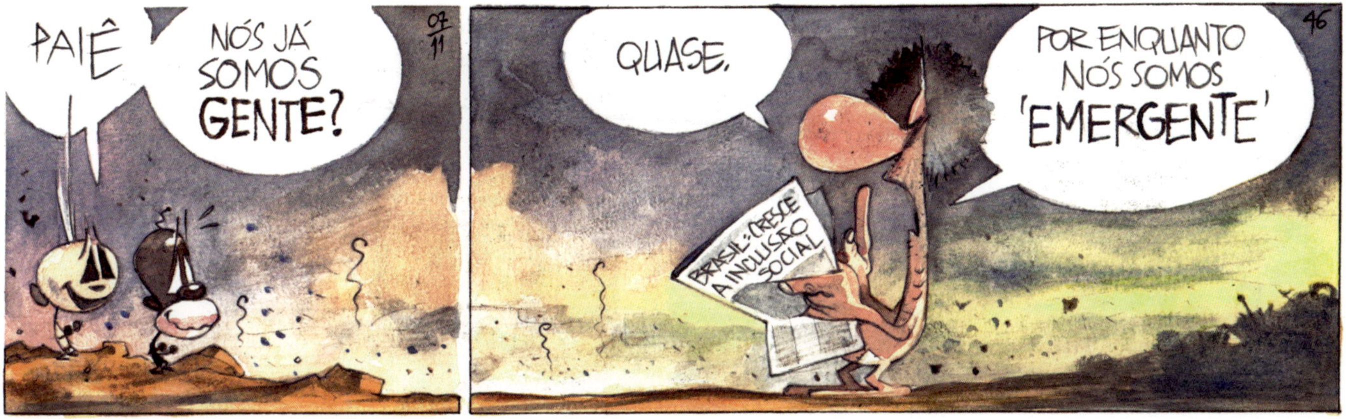
07/11
PAIÊ
NÓS JÁ SOMOS GENTE?
46
QUASE.
POR ENQUANTO NÓS SOMOS 'EMERGENTE'
BRASIL: CRESCE A INCLUSÃO SOCIAL

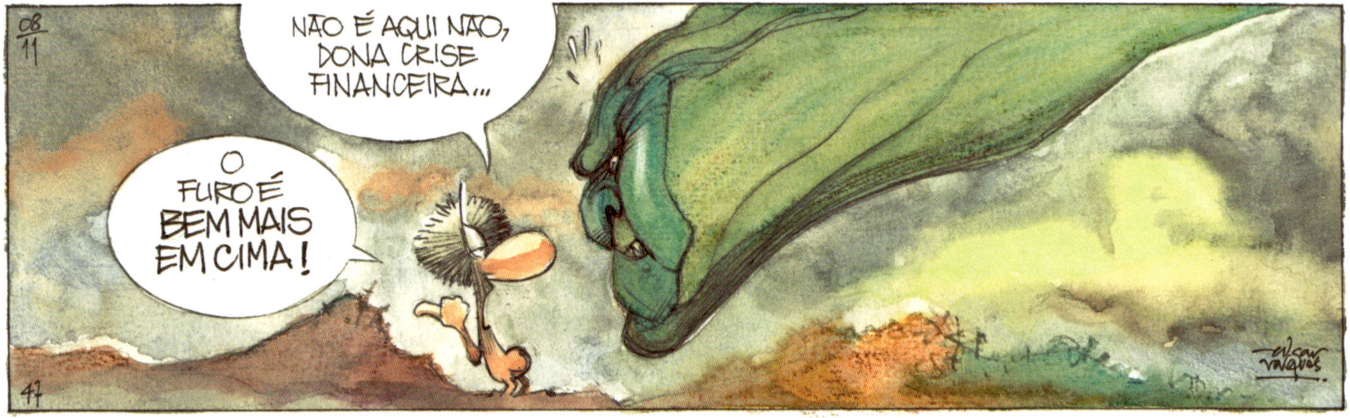
08/11
NÃO É AQUI NÃO, DONA CRISE FINANCEIRA...
O FURO É BEM MAIS EM CIMA!
47

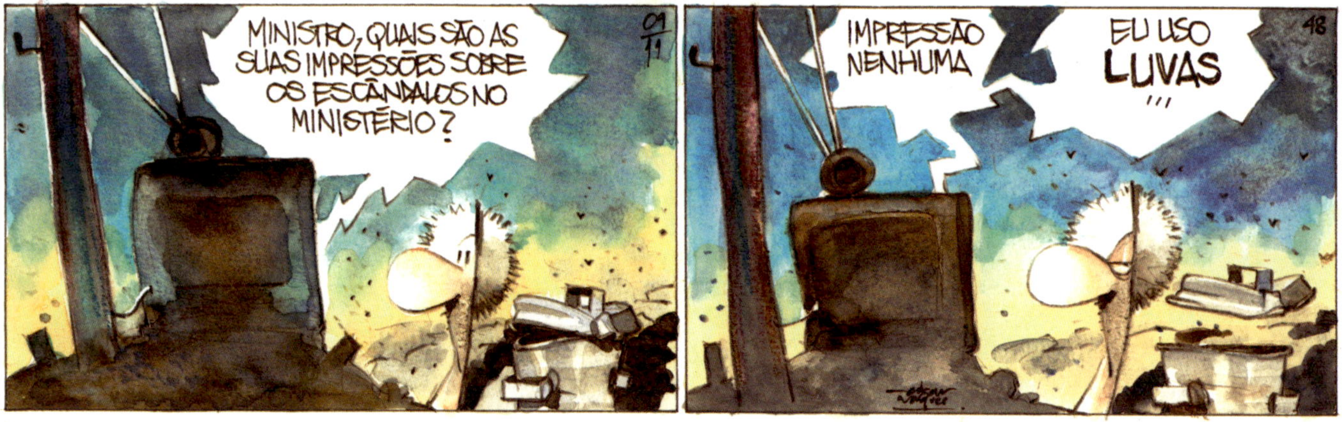
09/11
MINISTRO, QUAIS SÃO AS SUAS IMPRESSÕES SOBRE OS ESCÂNDALOS NO MINISTÉRIO?
48
IMPRESSÃO NENHUMA
EU USO LUVAS ...

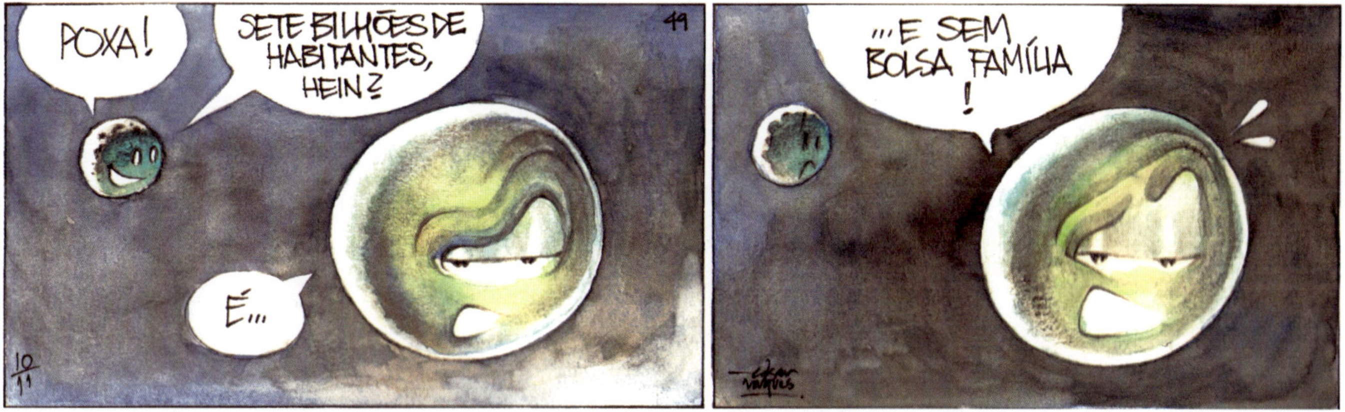
49
10/11
POXA!
SETE BILHÕES DE HABITANTES, HEIN?
É...
...E SEM BOLSA FAMÍLIA!

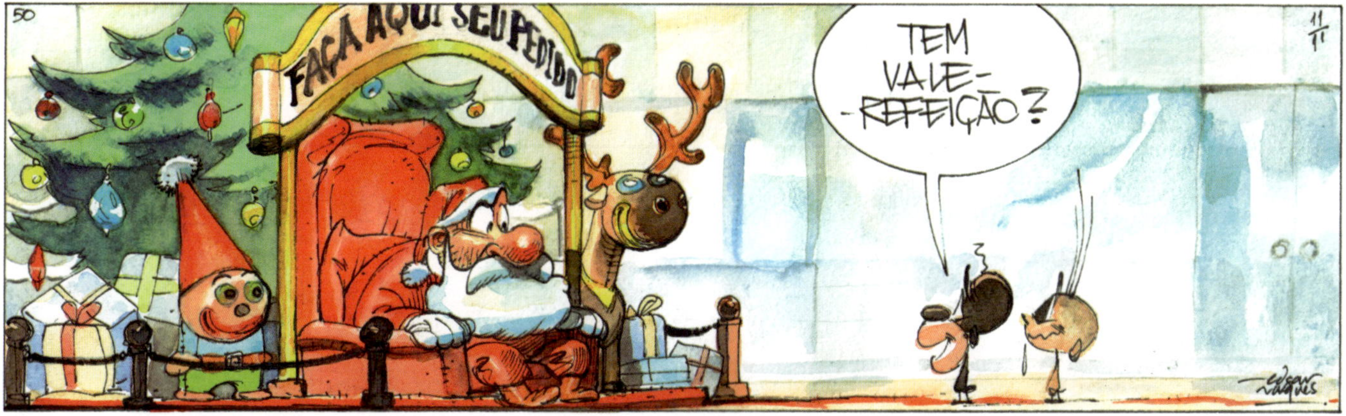
50
11/11
FAÇA AQUI SEU PEDIDO
TEM VALE-REFEIÇÃO?

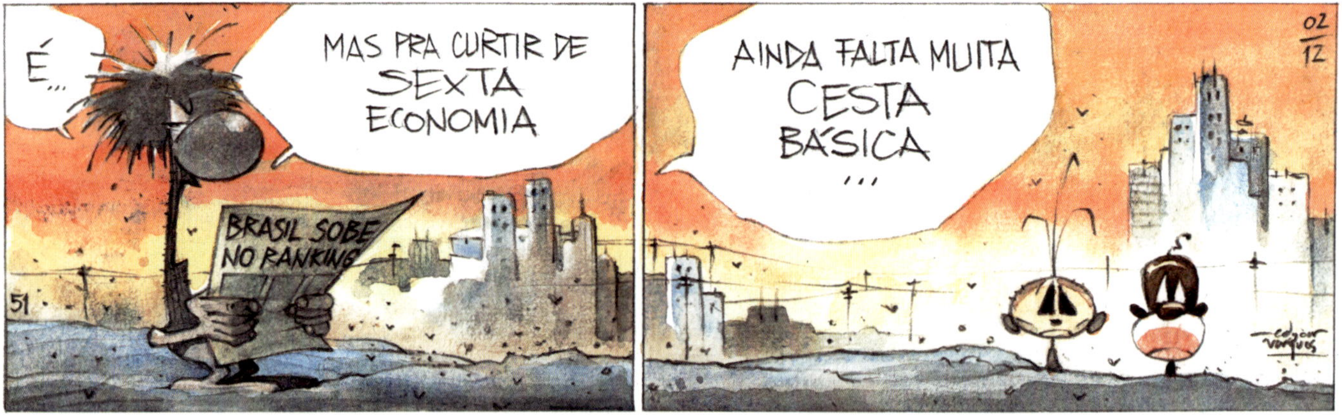
É...
MAS PRA CURTIR DE SEXTA ECONOMIA
BRASIL SOBE NO RANKING
51
AINDA FALTA MUITA CESTA BÁSICA ...
02/12

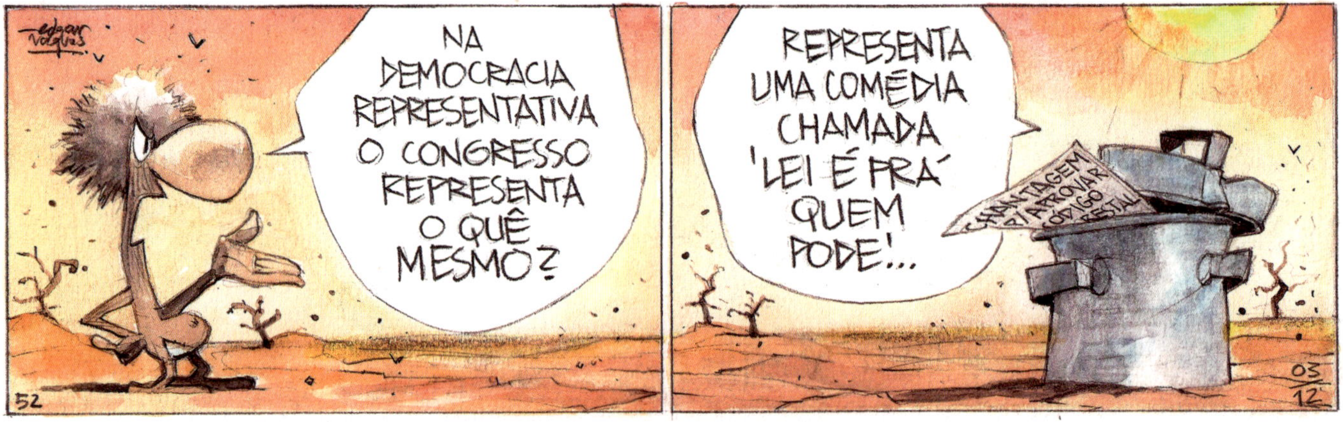
NA DEMOCRACIA REPRESENTATIVA O CONGRESSO REPRESENTA O QUÊ MESMO?
52
REPRESENTA UMA COMÉDIA CHAMADA 'LEI É PRÁ QUEM PODE'...
P/ APROVAR
03/12

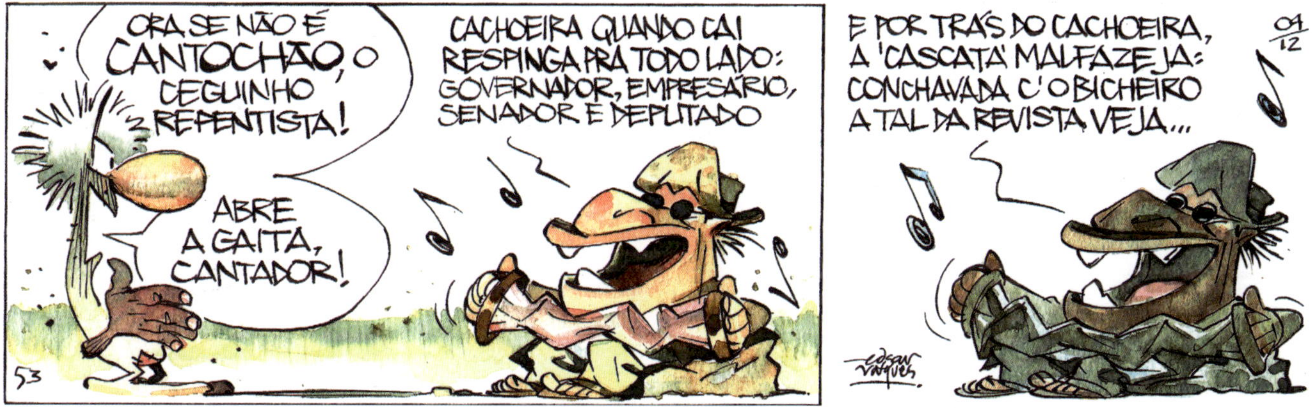
53
ORA SE NÃO É CANTOCHÃO, O CEGUINHO REPENTISTA!
ABRE A GAITA, CANTADOR!
CACHOEIRA QUANDO CAI RESPINGA PRA TODO LADO: GOVERNADOR, EMPRESÁRIO, SENADOR E DEPUTADO
E POR TRÁS DO CACHOEIRA, A 'CASCATA' MALFAZEJA: CONCHAVADA C' O BICHEIRO A TAL DA REVISTA VEJA...
04/12

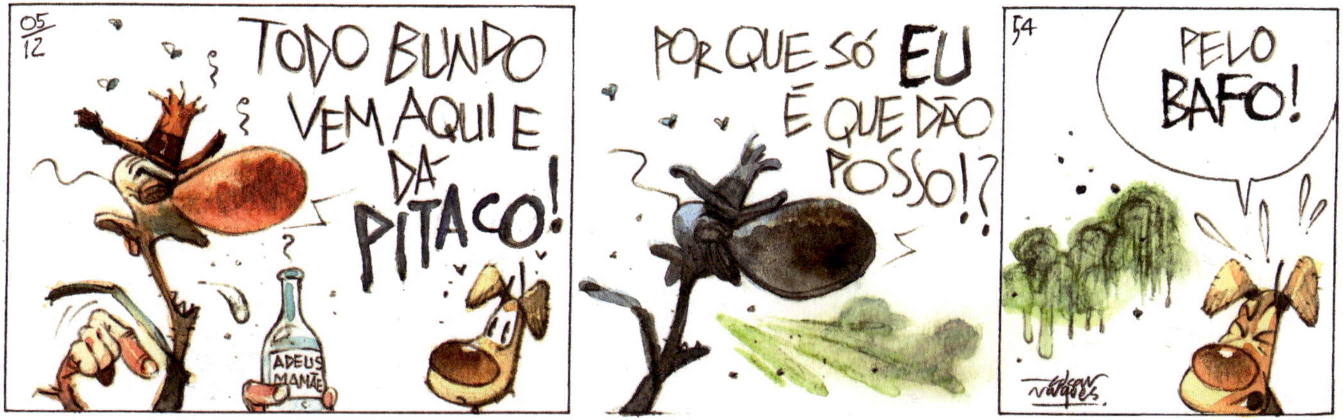
05/12
TODO BUNDO VEM AQUI E DÁ PITACO!
ADEUS MAMÃE
POR QUE SÓ EU É QUE DÃO POSSO!?
54
PELO BAFO!

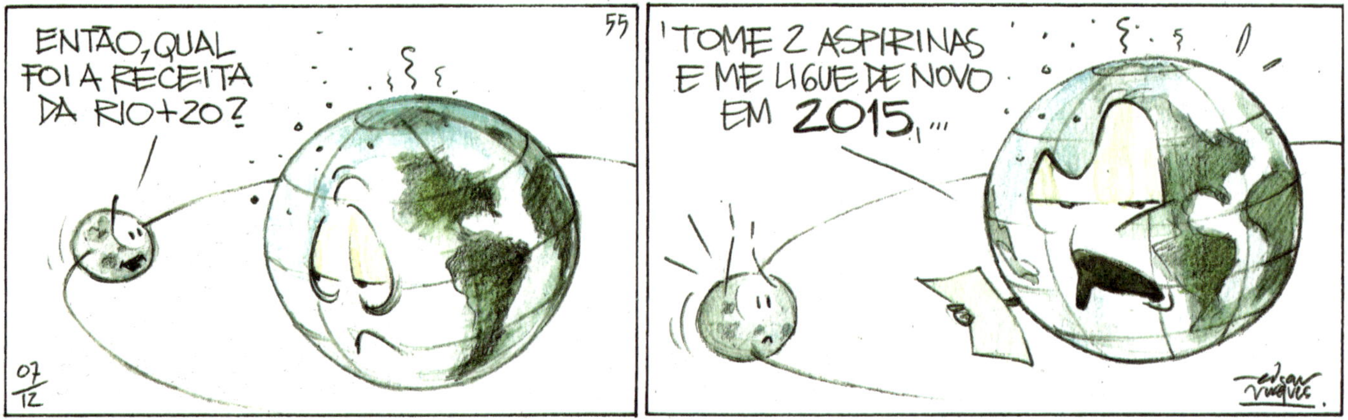
55
ENTÃO, QUAL FOI A RECEITA DA RIO+20?
07/12
TOME 2 ASPIRINAS E ME LIGUE DE NOVO EM 2015,...

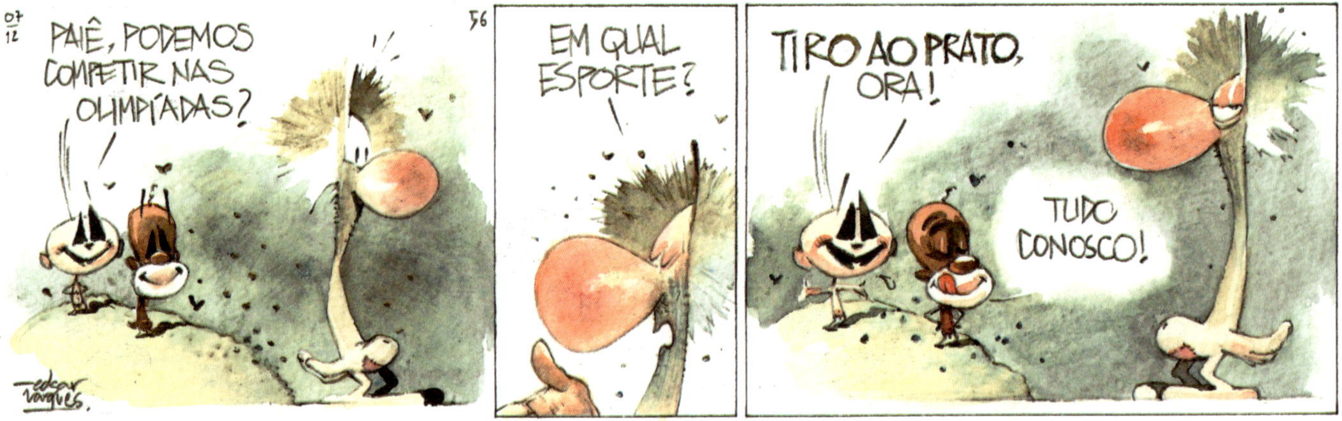
07/12
56
PAIÊ, PODEMOS COMPETIR NAS OLIMPÍADAS?
EM QUAL ESPORTE?
TIRO AO PRATO, ORA!
TUDO CONOSCO!

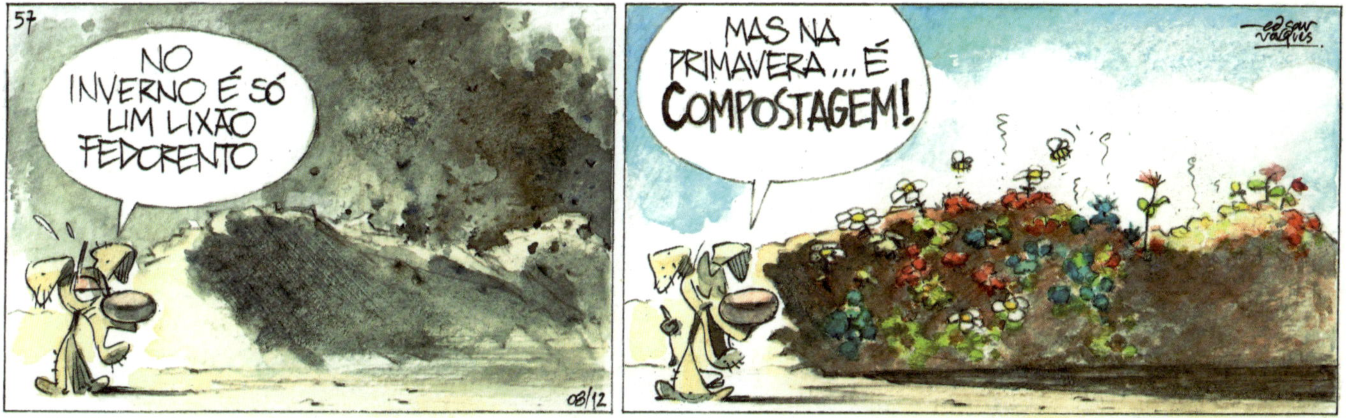
57
NO INVERNO É SÓ UM LIXÃO FEDORENTO
08/12
MAS NA PRIMAVERA... É COMPOSTAGEM!
edgar vasques

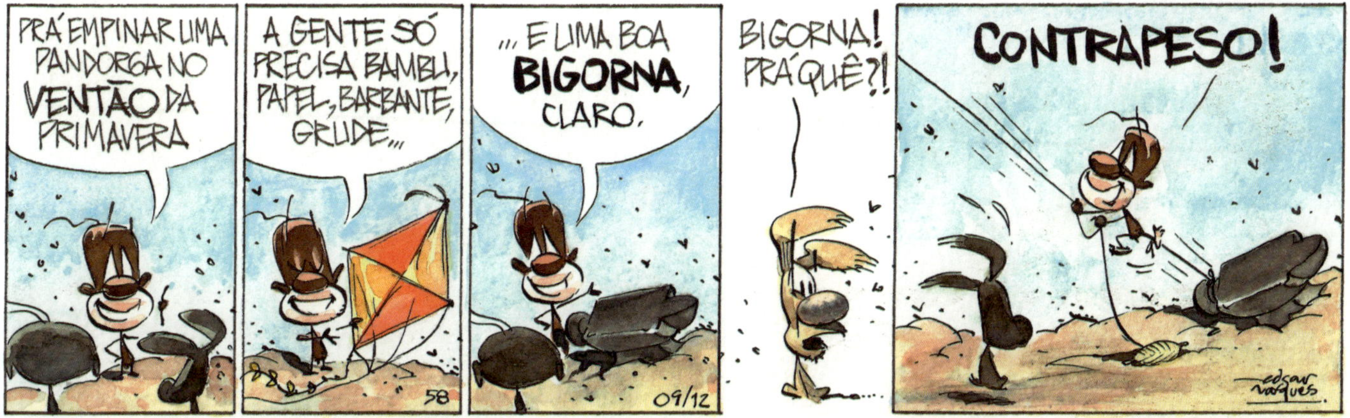
PRÁ EMPINAR UMA PANDORGA NO VENTÃO DA PRIMAVERA
A GENTE SÓ PRECISA BAMBU, PAPEL, BARBANTE, GRUDE...
58
... E UMA BOA BIGORNA, CLARO.
09/12
BIGORNA! PRÁ QUÊ?!
CONTRAPESO!
edgar vasques

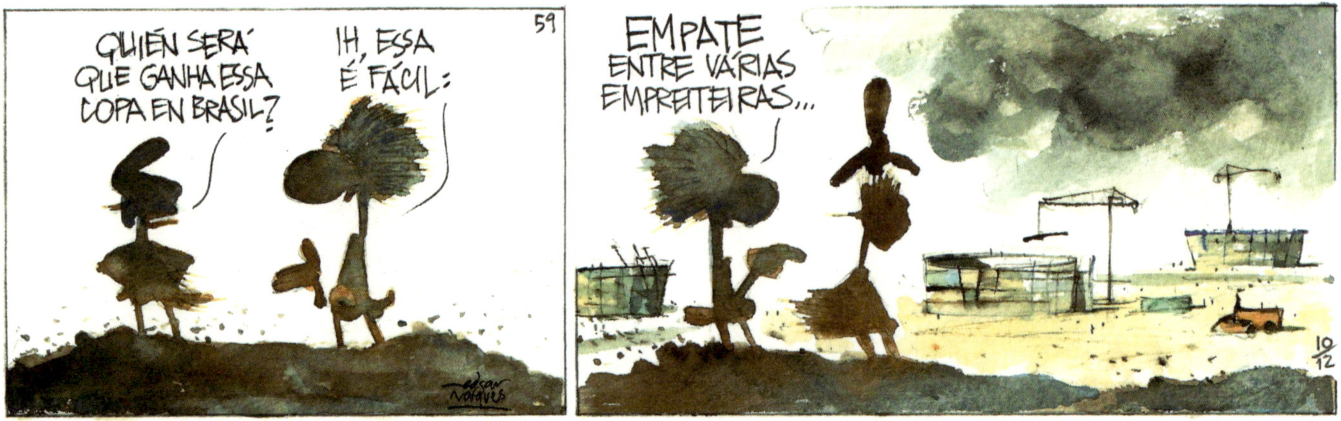
59
QUIÉN SERÁ QUE GANHA ESSA COPA EN BRASIL?
IH, ESSA É FÁCIL:
EMPATE ENTRE VÁRIAS EMPREITEIRAS...
10/12

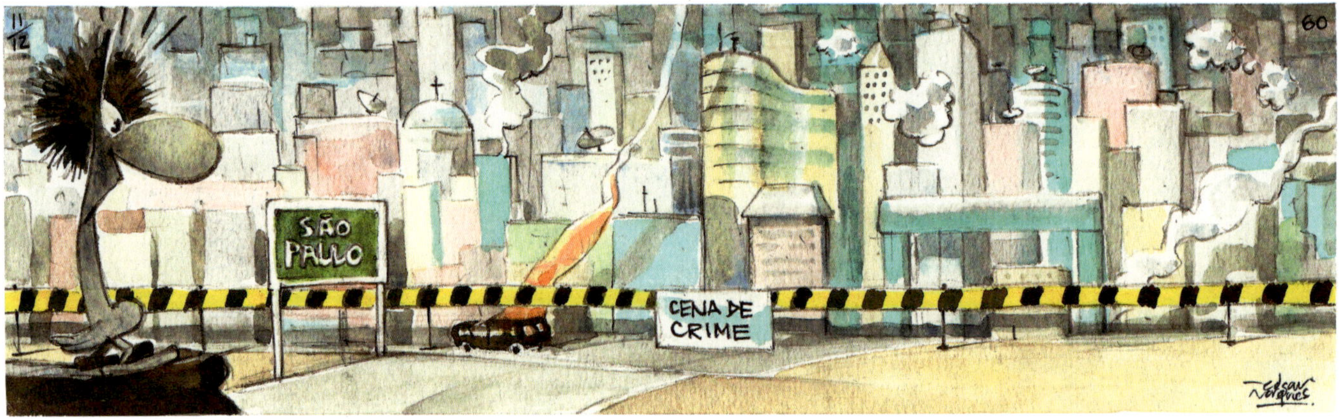
11/12
60
SÃO PAULO
CENA DE CRIME

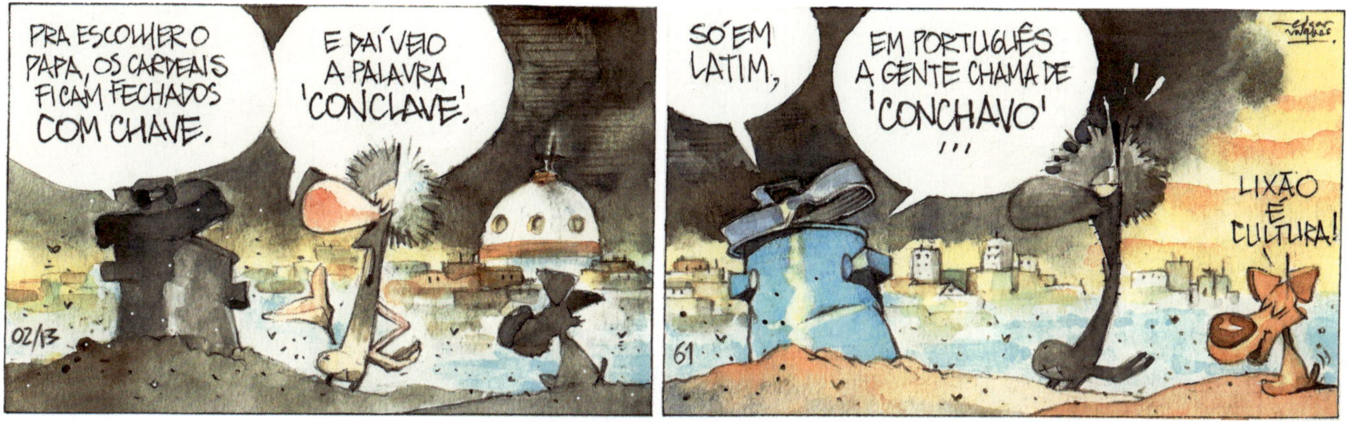
PRA ESCOLHER O PAPA, OS CARDEAIS FICAM FECHADOS COM CHAVE.
E DAÍ VEIO A PALAVRA 'CONCLAVE'.
02/13
SÓ EM LATIM,
EM PORTUGUÊS A GENTE CHAMA DE 'CONCHAVO' ,,,
LIXÃO É CULTURA!
61

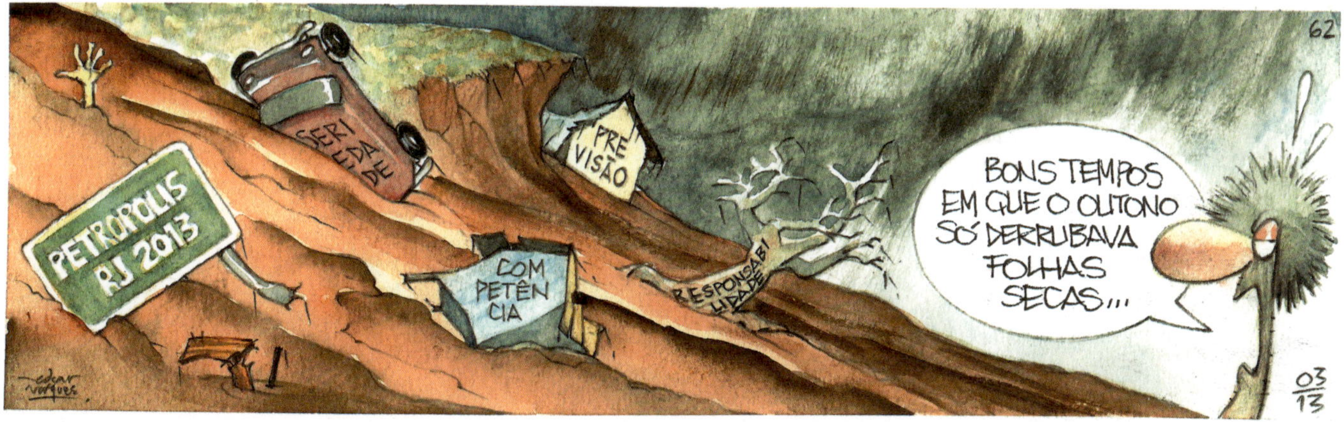
62
SERI EDA DE
PRE VISÃO
PETROPOLIS RJ 2013
COM PETÊN CIA
RESPONSABI LIDADE
BONS TEMPOS EM QUE O OUTONO SÓ DERRUBAVA FOLHAS SECAS...
03/13

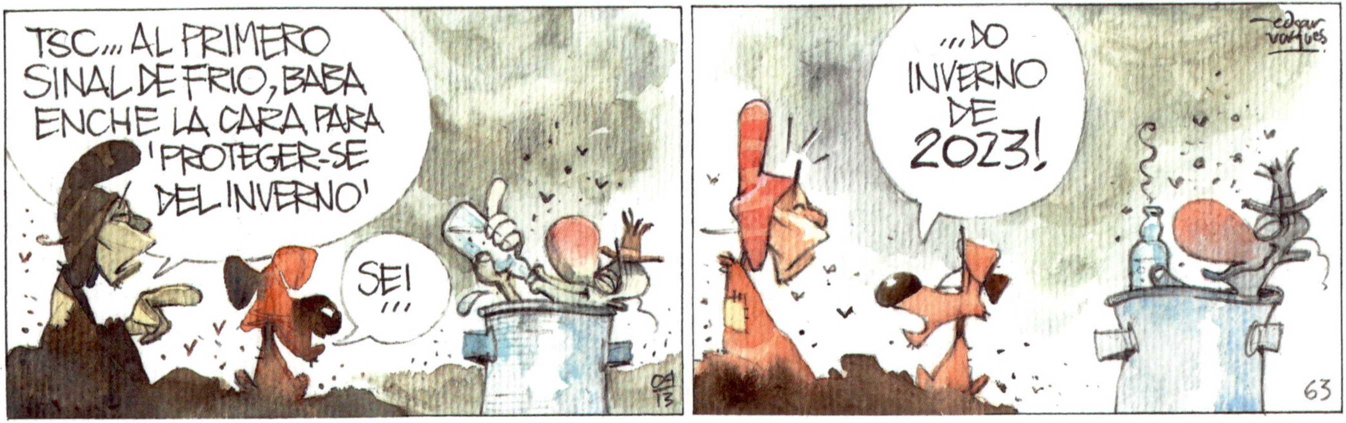
TSC... AL PRIMERO SINAL DE FRIO, BABA ENCHE LA CARA PARA 'PROTEGER-SE DEL INVERNO'
SEI!
04/13
...DO INVERNO DE 2023!
63

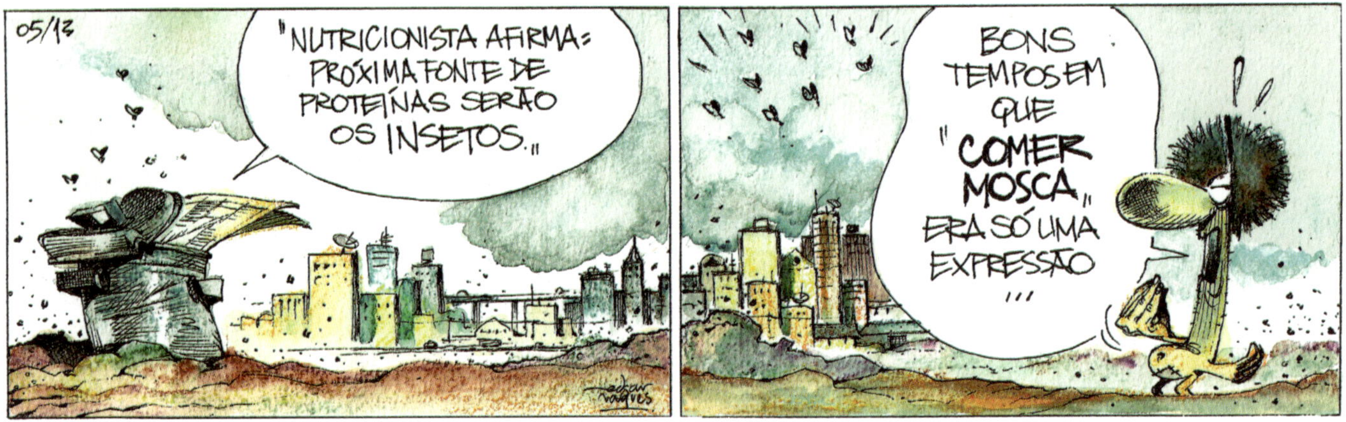
05/13
"NUTRICIONISTA AFIRMA: PRÓXIMA FONTE DE PROTEÍNAS SERÃO OS INSETOS."
BONS TEMPOS EM QUE "COMER MOSCA" ERA SÓ UMA EXPRESSÃO

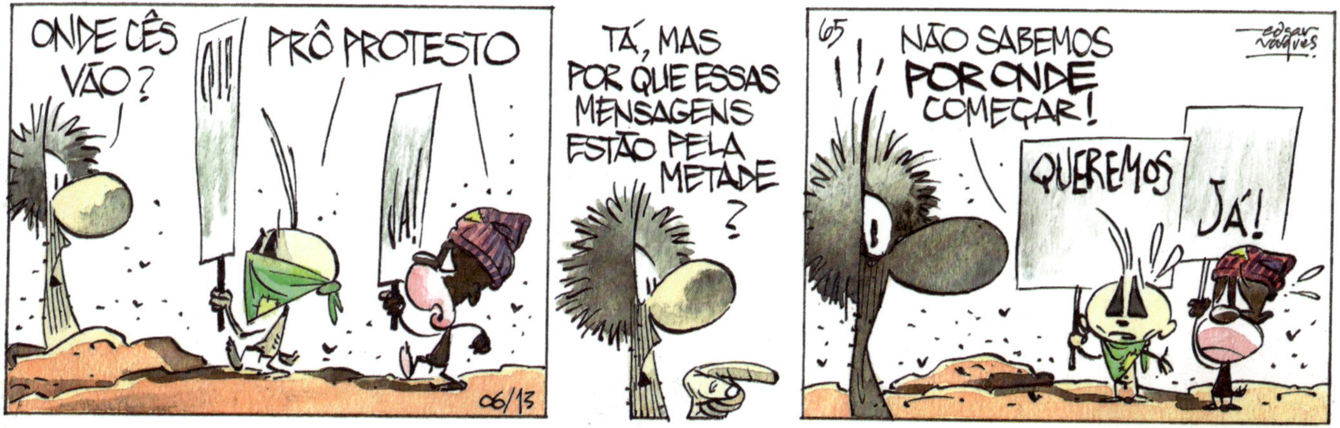
ONDE CÊS VÃO?
PRÔ PROTESTO
JÁ!
06/13
TÁ, MAS POR QUE ESSAS MENSAGENS ESTÃO PELA METADE?
65
NÃO SABEMOS POR ONDE COMEÇAR!
QUEREMOS
JÁ!

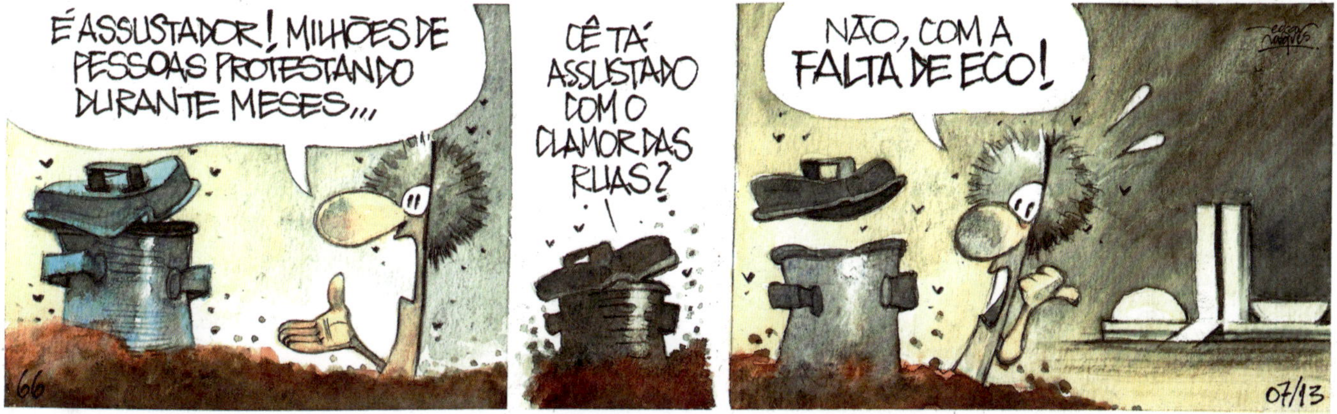
É ASSUSTADOR! MILHÕES DE PESSOAS PROTESTANDO DURANTE MESES...
66
CÊ TÁ ASSUSTADO COM O CLAMOR DAS RUAS?
NÃO, COM A FALTA DE ECO!
07/13

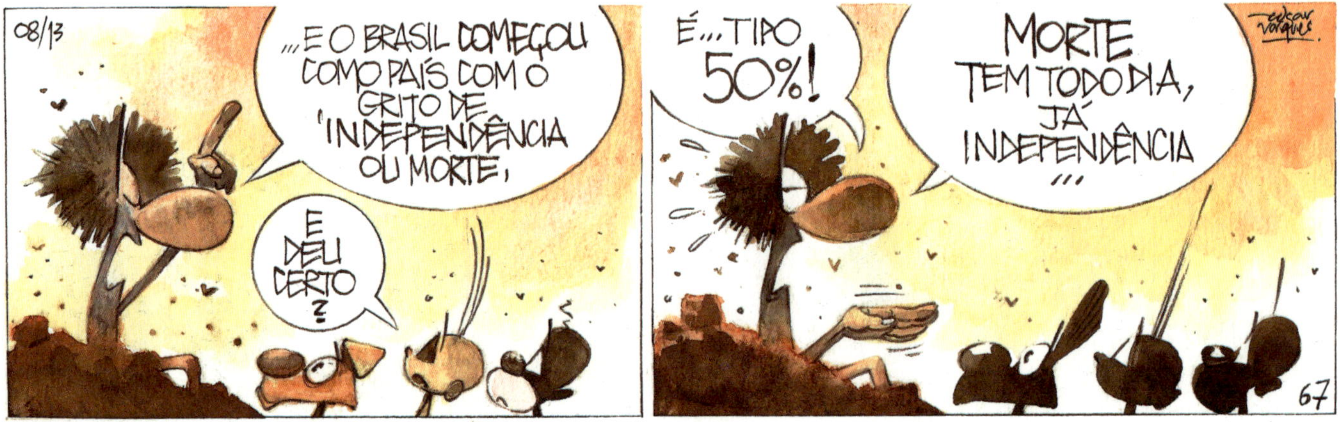
08/13
...E O BRASIL COMEÇOU COMO PAÍS COM O GRITO DE 'INDEPENDÊNCIA OU MORTE,'
E DEU CERTO?
É... TIPO 50%!
MORTE TEM TODO DIA, JÁ INDEPENDÊNCIA ...
67

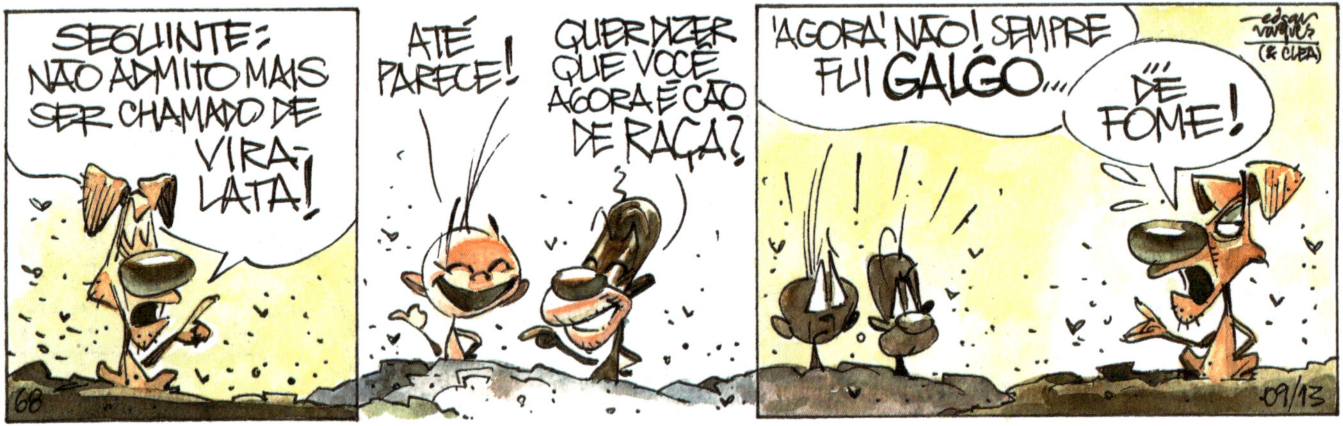
SEGUINTE: NÃO ADMITO MAIS SER CHAMADO DE VIRA-LATA!
ATÉ PARECE!
QUER DIZER QUE VOCÊ AGORA É CÃO DE RAÇA?
'AGORA' NÃO! SEMPRE FUI GALGO...
...DE FOME!
(& CLEA)
68
09/13

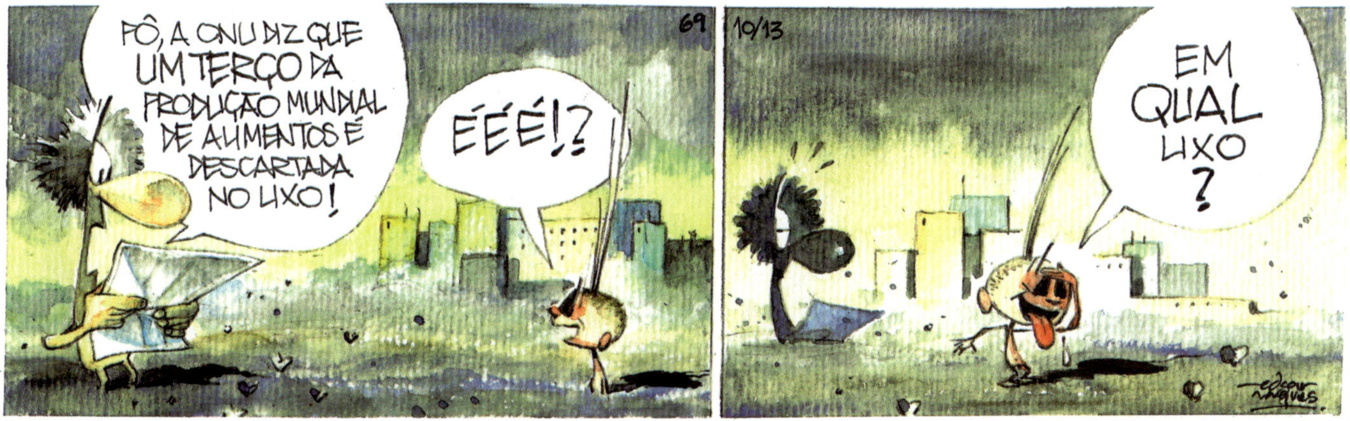
69
10/13
PÔ, A ONU DIZ QUE UM TERÇO DA PRODUÇÃO MUNDIAL DE ALIMENTOS É DESCARTADA NO LIXO!
ÉÉÉÉ!?
EM QUAL LIXO?

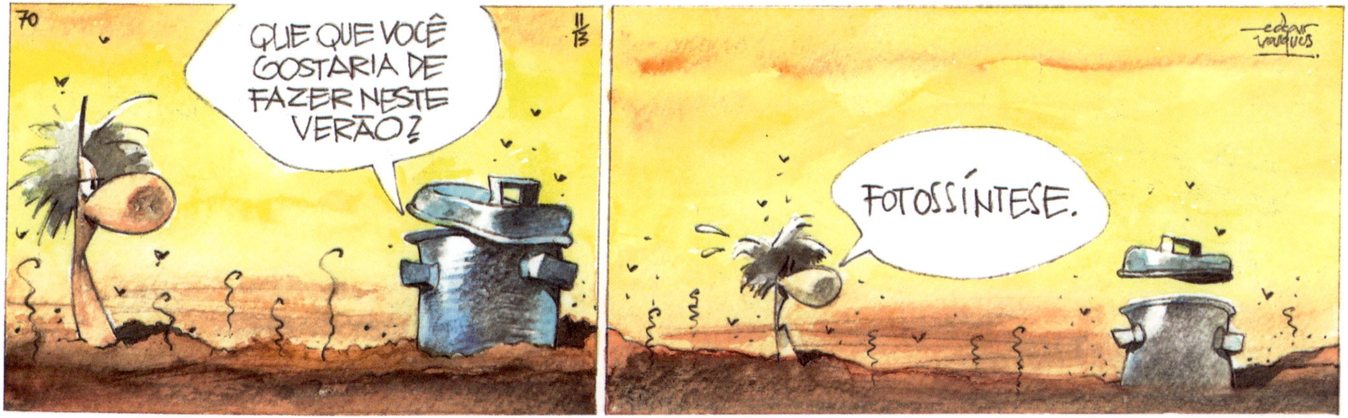
70
11/13
QUE QUE VOCÊ GOSTARIA DE FAZER NESTE VERÃO?
FOTOSSÍNTESE.

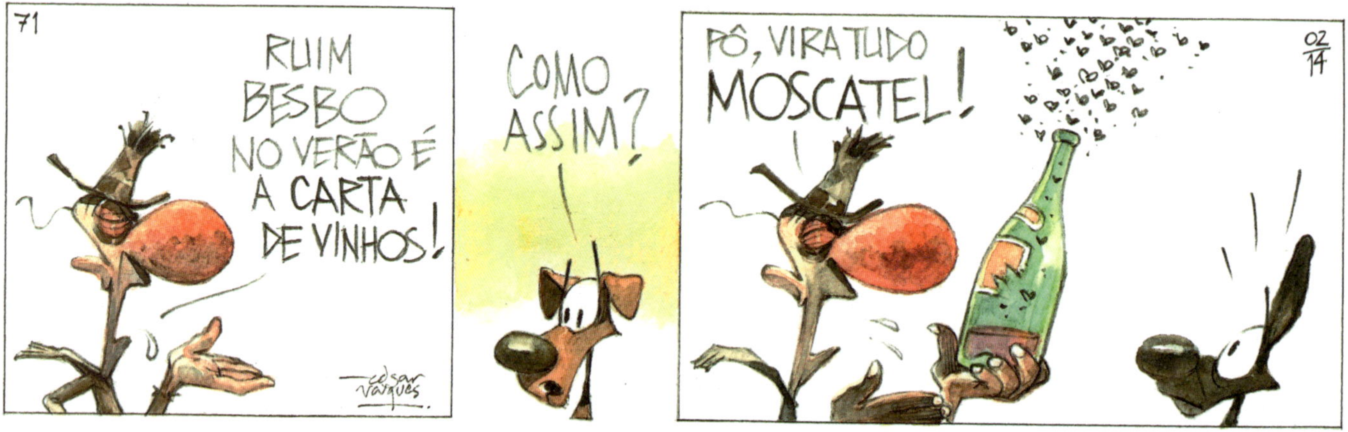
71
RUIM BESBO NO VERÃO É A CARTA DE VINHOS!
COMO ASSIM?
PÔ, VIRA TUDO MOSCATEL!
02/14

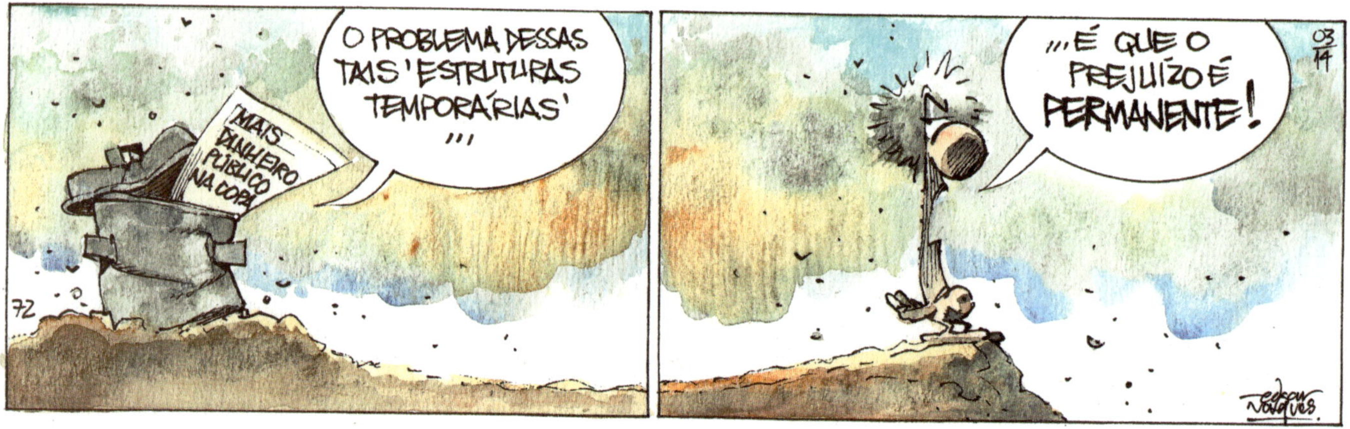
72
MAIS DINHEIRO PÚBLICO NA COPA
O PROBLEMA DESSAS TAIS 'ESTRUTURAS TEMPORÁRIAS' ...
03/14
...É QUE O PREJUÍZO É PERMANENTE!

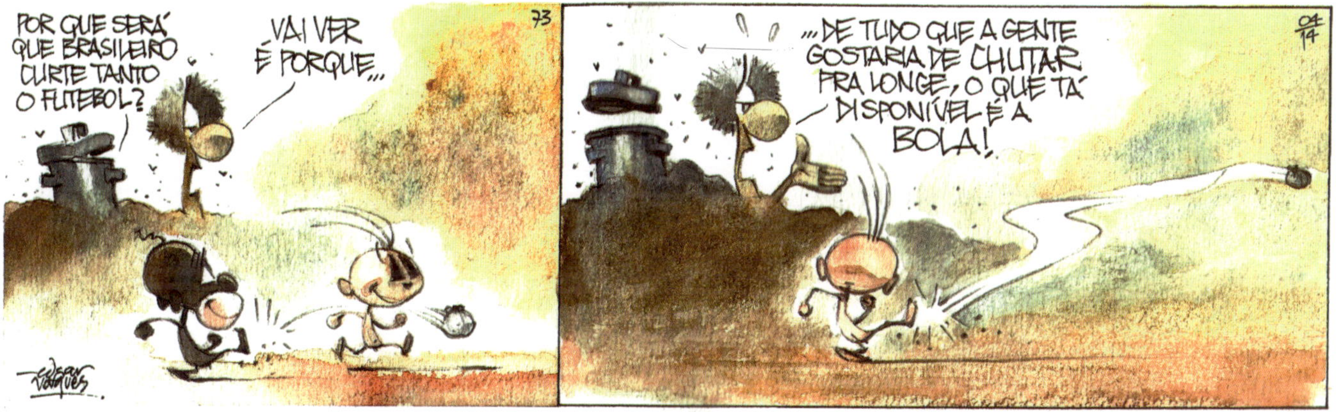
73
POR QUE SERÁ QUE BRASILEIRO CURTE TANTO O FUTEBOL?
VAI VER É PORQUE...
04/14
...DE TUDO QUE A GENTE GOSTARIA DE CHUTAR PRA LONGE, O QUE TÁ DISPONÍVEL É A BOLA!

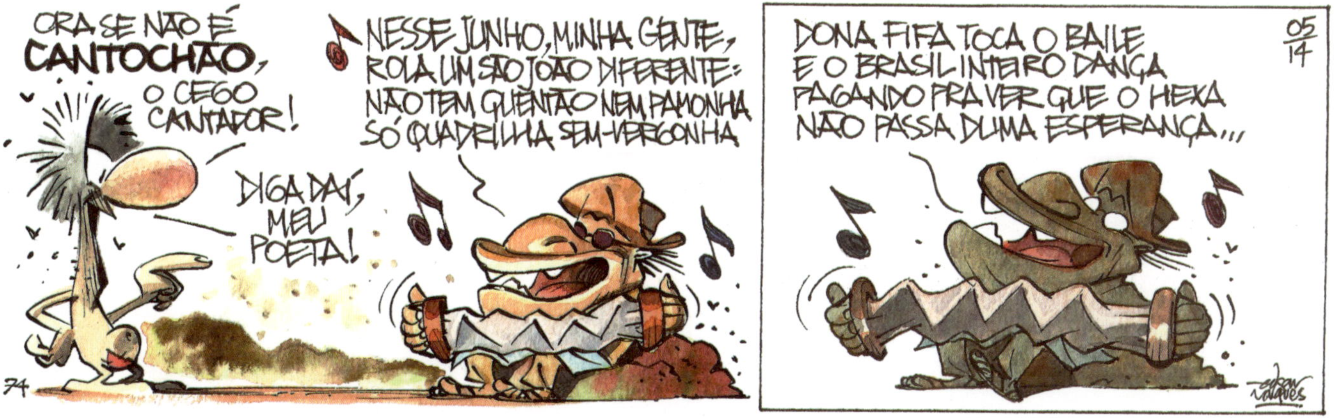
ORA SE NÃO É CANTOCHÃO, O CEGO CANTADOR!
DIGA DAÍ, MEU POETA!
NESSE JUNHO, MINHA GENTE, ROLA UM SÃO JOÃO DIFERENTE: NÃO TEM QUENTÃO NEM PAMONHA SÓ QUADRILHA SEM-VERGONHA
74
05/14
DONA FIFA TOCA O BAILE E O BRASIL INTEIRO DANÇA PAGANDO PRA VER QUE O HEXA NÃO PASSA DUMA ESPERANÇA...

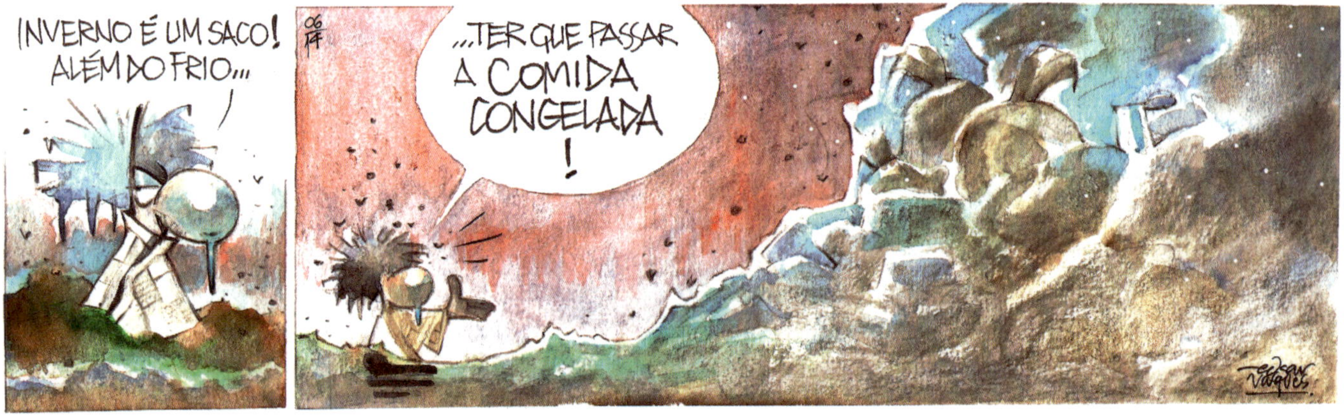
INVERNO É UM SACO! ALÉM DO FRIO...
06/14
...TER QUE PASSAR A COMIDA CONGELADA!

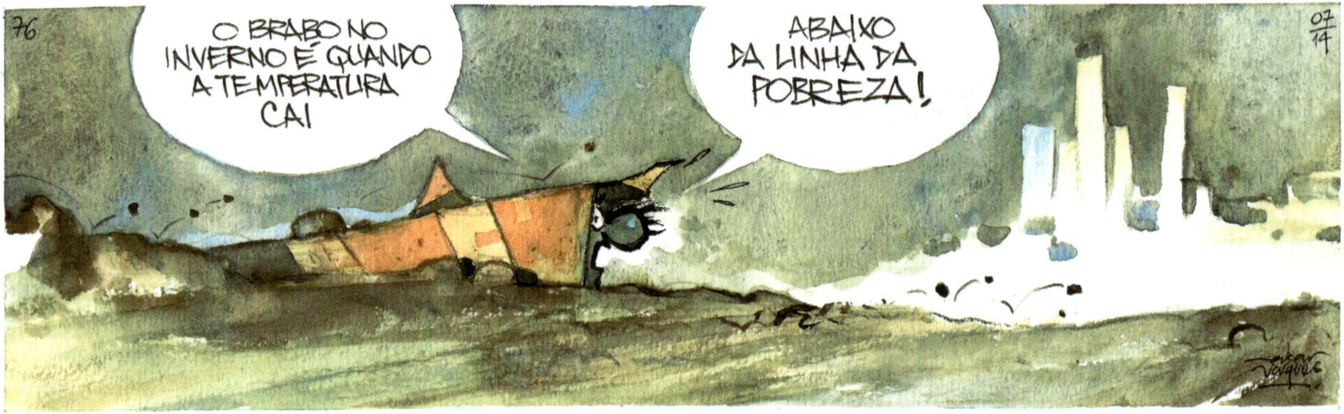
76
O BRABO NO INVERNO É QUANDO A TEMPERATURA CAI
ABAIXO DA LINHA DA POBREZA!
07/14

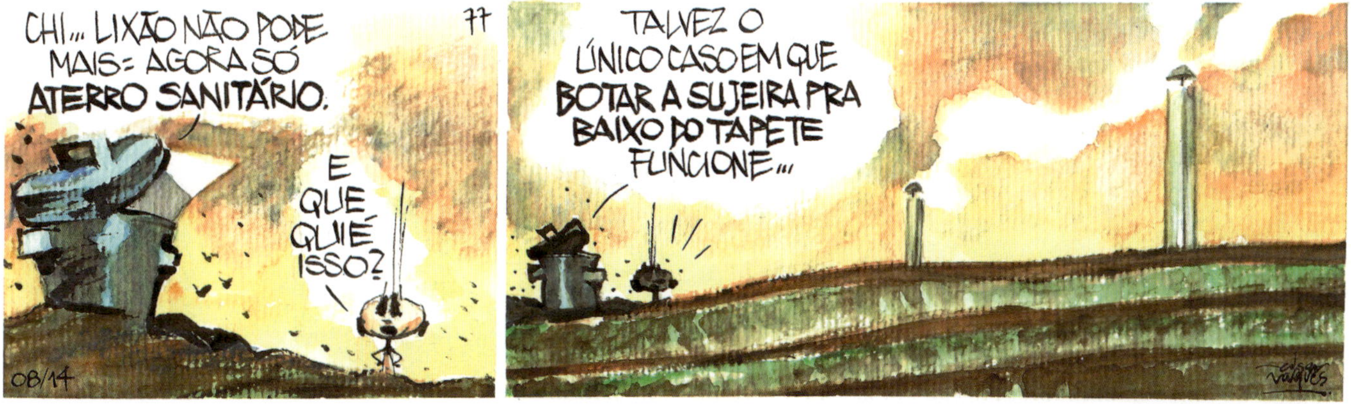
77
CHI... LIXÃO NÃO PODE MAIS: AGORA SÓ ATERRO SANITÁRIO.
E QUE QUIÉ ISSO?
08/14
TALVEZ O ÚNICO CASO EM QUE BOTAR A SUJEIRA PRA BAIXO DO TAPETE FUNCIONE...

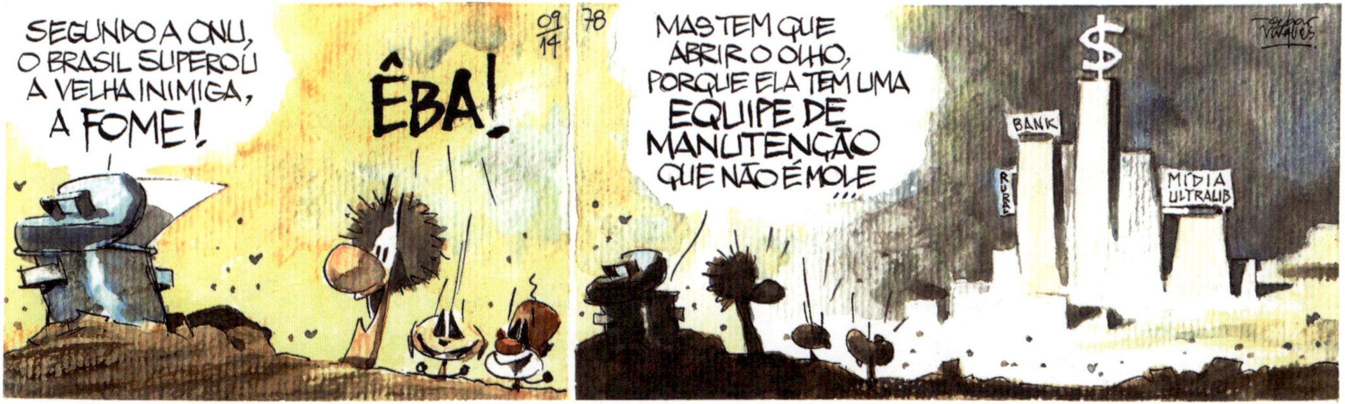
09/14
SEGUNDO A ONU, O BRASIL SUPEROU A VELHA INIMIGA, A FOME!
ÊBA!
78
MAS TEM QUE ABRIR O OLHO, PORQUE ELA TEM UMA EQUIPE DE MANUTENÇÃO QUE NÃO É MOLE...
$
BANK
RURAL
MÍDIA ULTRALIB

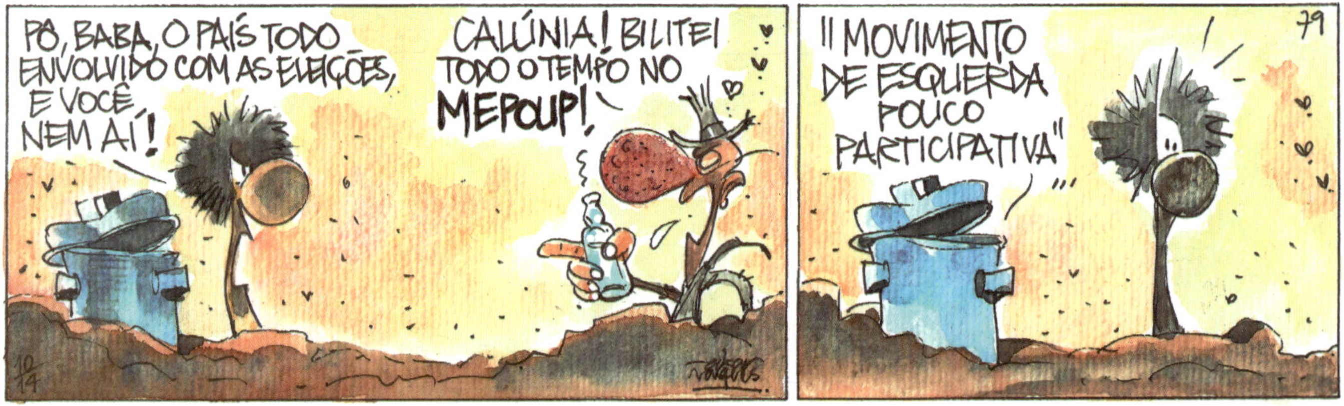
PÔ, BABA, O PAÍS TODO ENVOLVIDO COM AS ELEIÇÕES, E VOCÊ NEM AÍ!
CALÚNIA! BILITEI TODO O TEMPO NO MEPOUP!
"MOVIMENTO DE ESQUERDA POUCO PARTICIPATIVA"
79
10/14

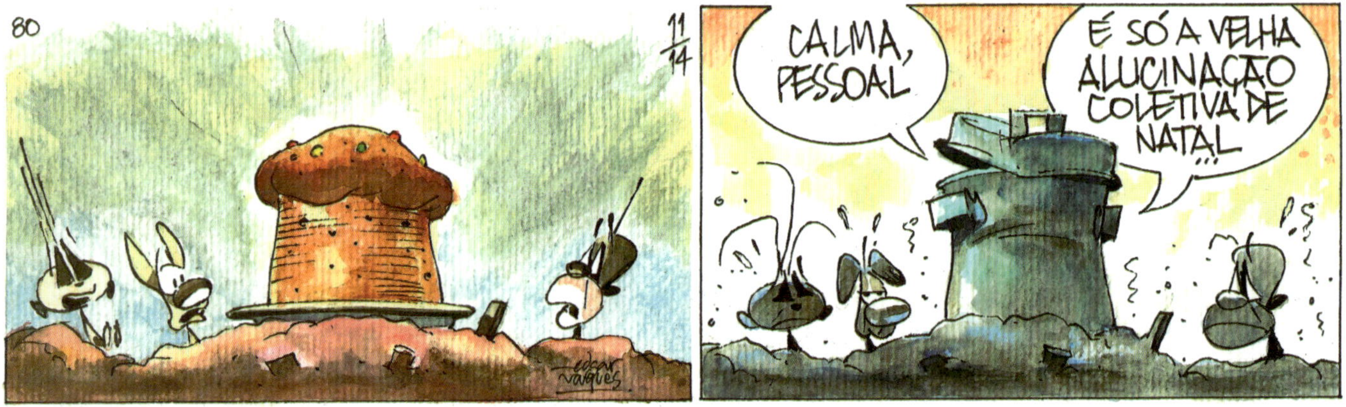
80
11/14
CALMA, PESSOAL
É SÓ A VELHA ALUCINAÇÃO COLETIVA DE NATAL...

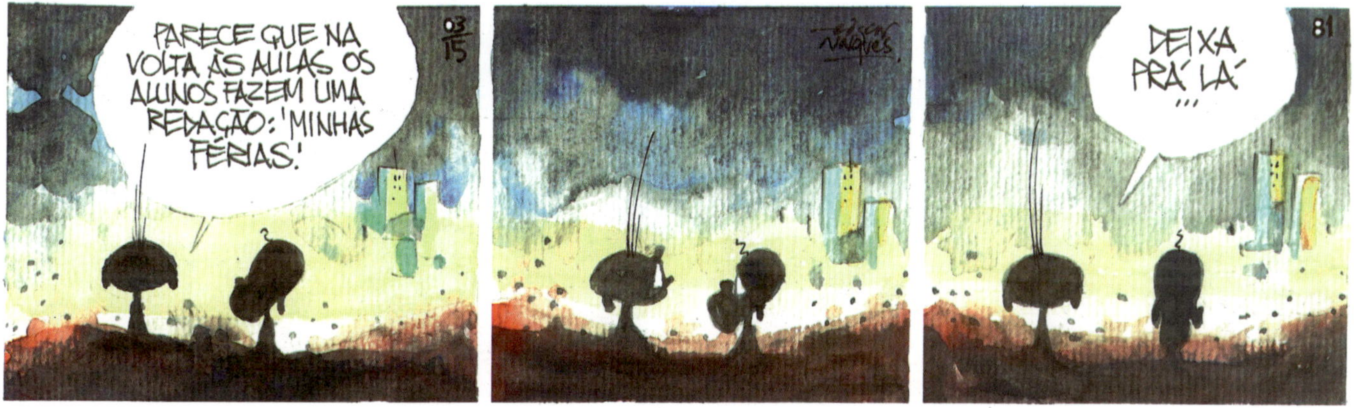
03/15
PARECE QUE NA VOLTA ÀS AULAS OS ALUNOS FAZEM UMA REDAÇÃO: 'MINHAS FÉRIAS'
81
DEIXA PRÁ LÁ ...

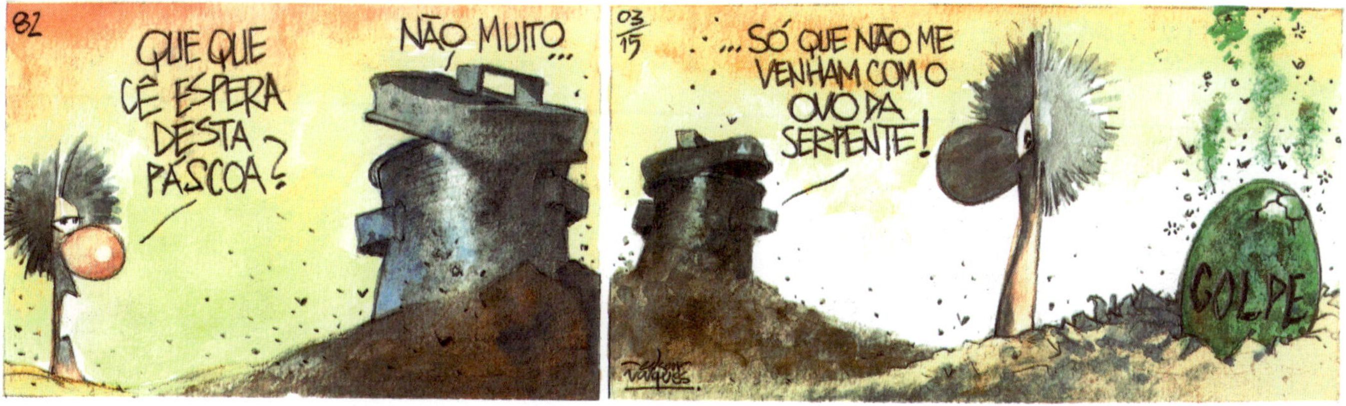
82
QUE QUE CÊ ESPERA DESTA PÁSCOA?
NÃO MUITO...
03/15
... SÓ QUE NÃO ME VENHAM COM O OVO DA SERPENTE!
GOLPE

83
RÁ! TÁ DECIDIDO: VOU ME CANDIDATAR!
PERO CÓMO!? ESTÓMAGO CON AMBICIÓN POLÍTICA?
É! FICOU TODO ASSANHADO...
...DE TANTO VER O FISIOLOGISMO SE DANDO BEM!
04/15

84
...MAIS UM LINDO EXEMPLO DE EMPREENDEDORISMO MIRIM!
PERAÍ... MAS SE O CARA COM DEZ ANOS JÁ É EMPRESÁRIO
QUE QUE ELE VAI SER QUANDO CRESCER?
CRIANÇA?
05/15

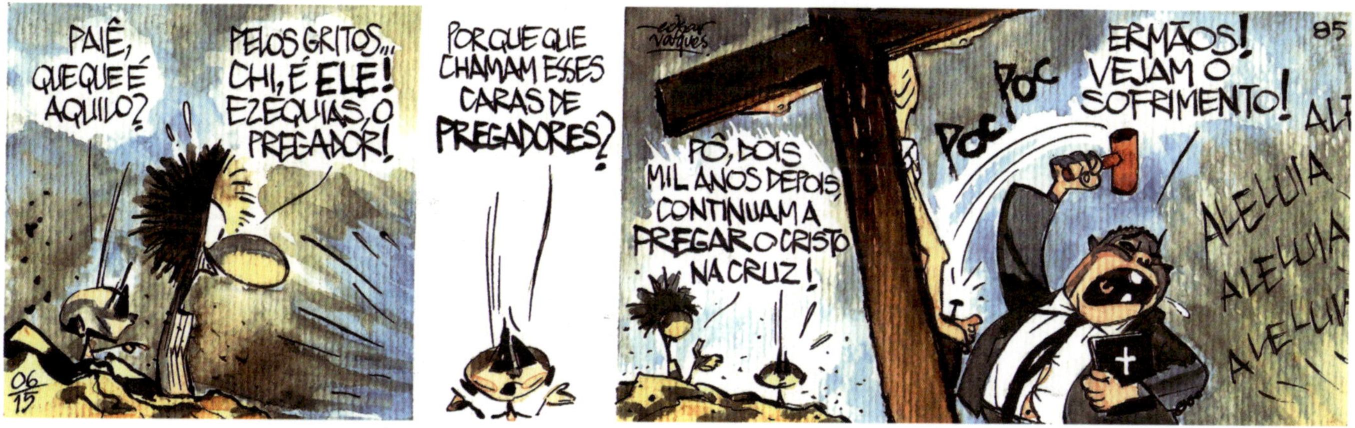
PAIÊ, QUE QUE É AQUILO?
PELOS GRITOS... CHI, É ELE! EZEQUIAS, O PREGADOR!
06/15
POR QUE QUE CHAMAM ESSES CARAS DE PREGADORES?
85
PÔ, DOIS MIL ANOS DEPOIS, CONTINUAM A PREGAR O CRISTO NA CRUZ!
POC POC POC
ERMÃOS! VEJAM O SOFRIMENTO!
ALELUIA ALELUIA ALELUIA

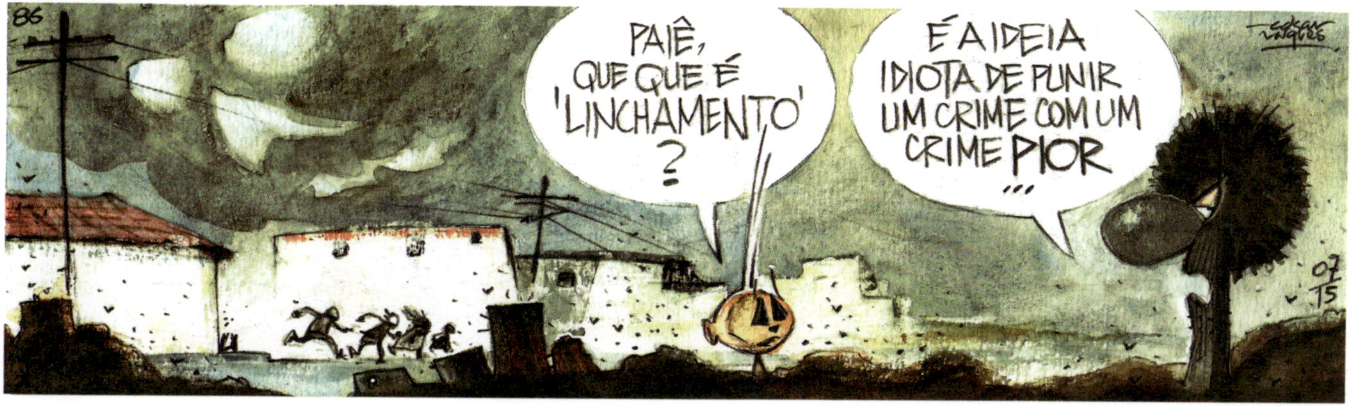
86
PAIÊ, QUE QUE É 'LINCHAMENTO'?
É A IDEIA IDIOTA DE PUNIR UM CRIME COM UM CRIME PIOR...
07/15

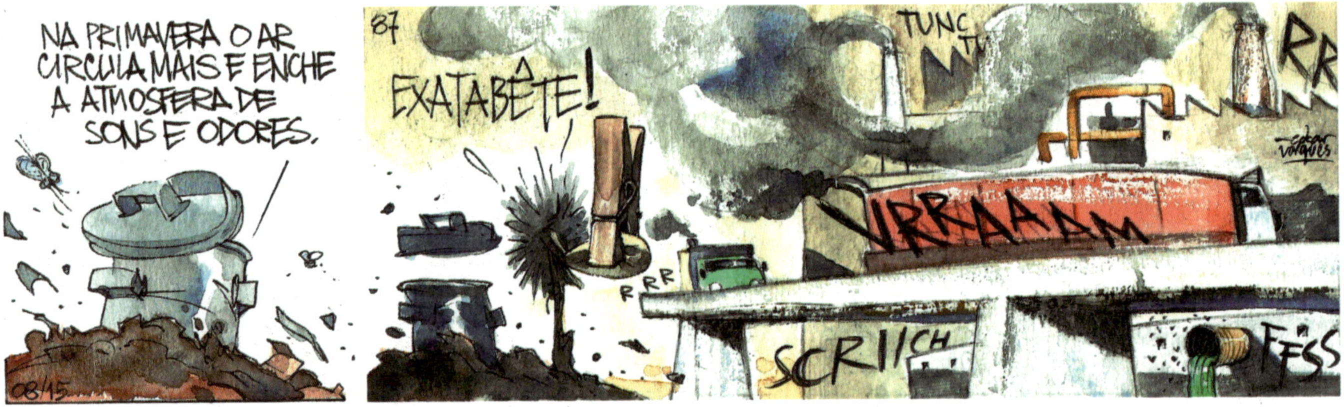

NA PRIMAVERA O AR CIRCULA MAIS E ENCHE A ATMOSFERA DE SONS E ODORES.
08/15
87
EXATABÊTE!
TUNC TU
RR
VRRAAAM
RRR
SCRIICH
FSS

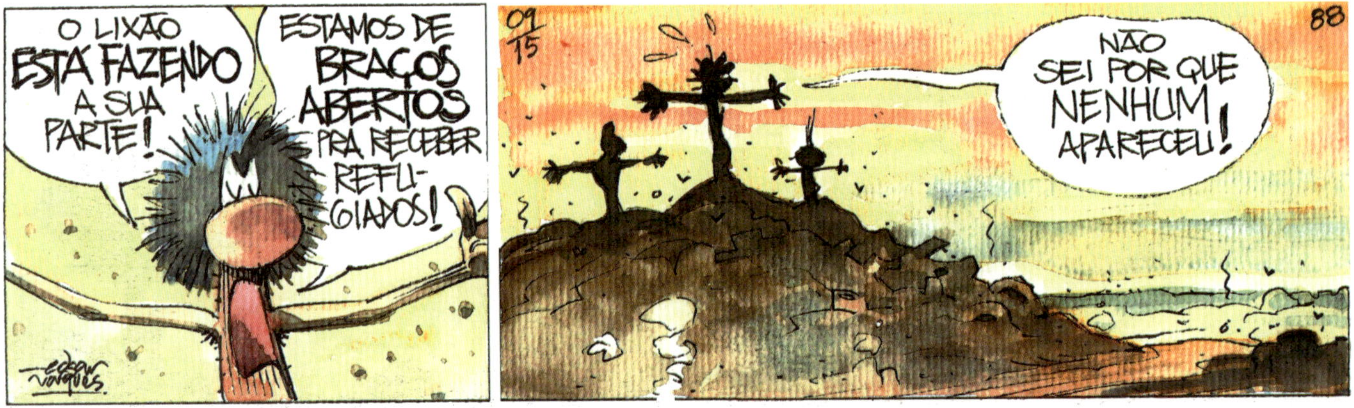

O LIXÃO ESTÁ FAZENDO A SUA PARTE!
ESTAMOS DE BRAÇOS ABERTOS PRA RECEBER REFUGIADOS!
09/15
88
NÃO SEI POR QUE NENHUM APARECEU!

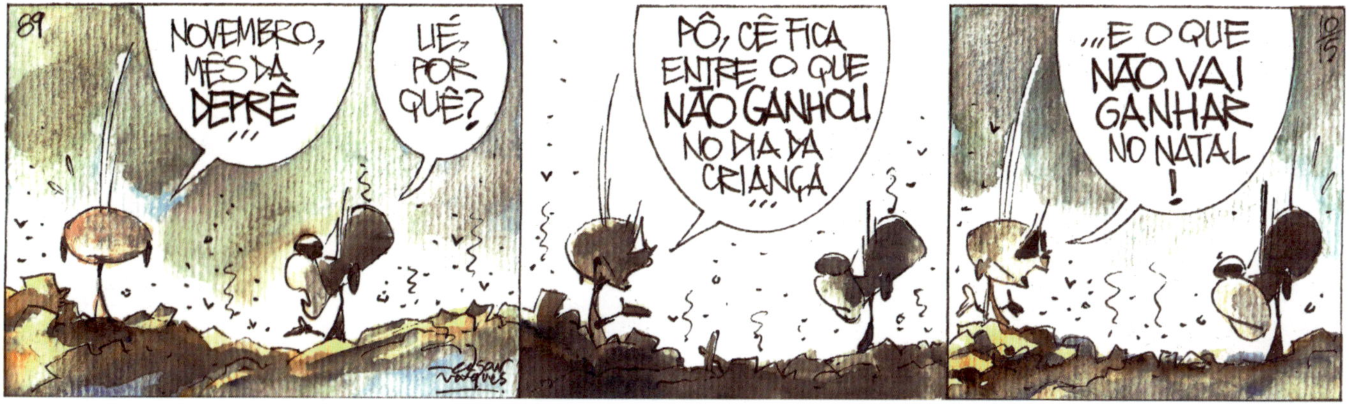
89
NOVEMBRO, MÊS DA DEPRÊ...
UÉ, POR QUÊ?
PÔ, CÊ FICA ENTRE O QUE NÃO GANHOU NO DIA DA CRIANÇA...
...E O QUE NÃO VAI GANHAR NO NATAL!
10/15

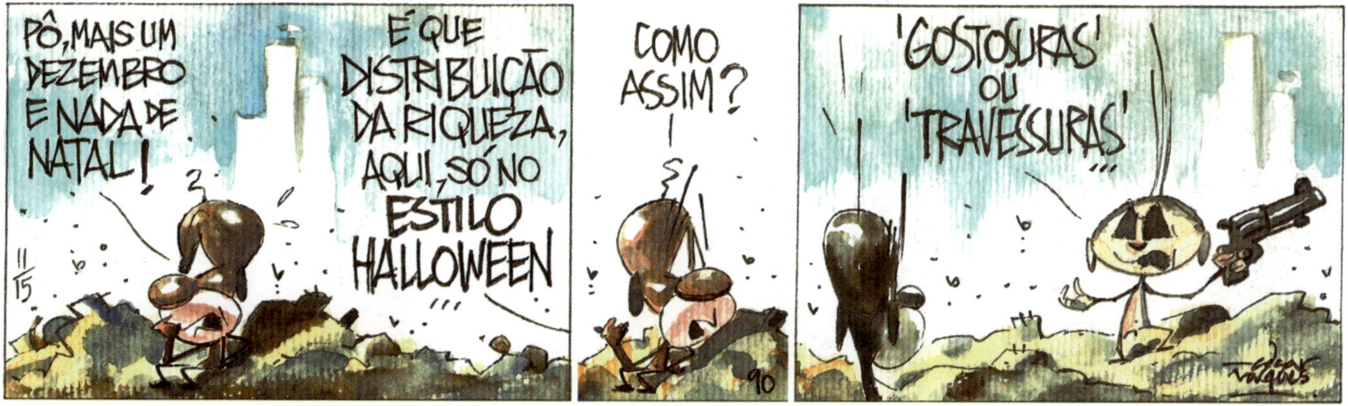
PÔ, MAIS UM DEZEMBRO E NADA DE NATAL!
É QUE DISTRIBUIÇÃO DA RIQUEZA, AQUI, SÓ NO ESTILO HALLOWEEN...
11/15
COMO ASSIM?
90
'GOSTOSURAS' OU 'TRAVESSURAS'...

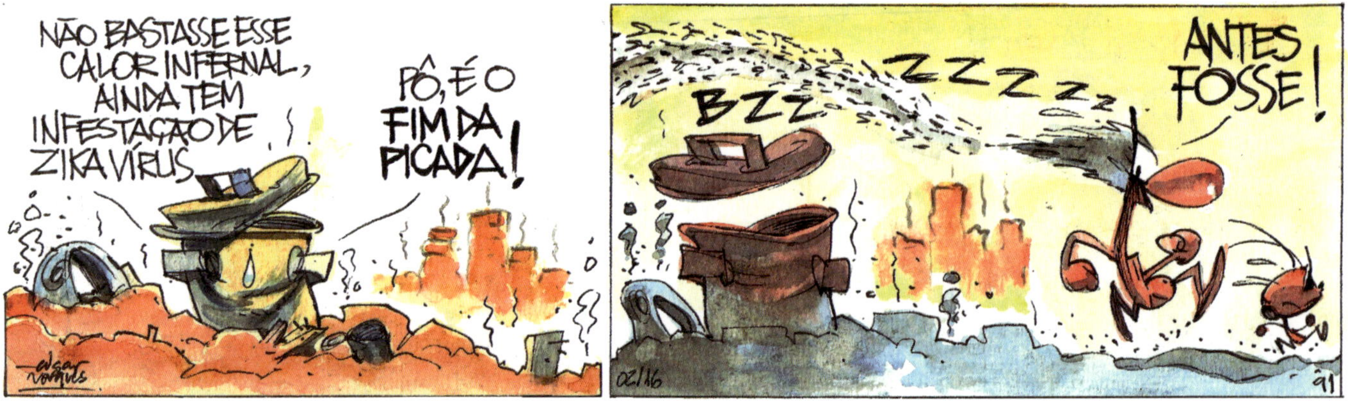
NÃO BASTASSE ESSE CALOR INFERNAL, AINDA TEM INFESTAÇÃO DE ZIKA VÍRUS
PÔ, É O FIM DA PICADA!
BZZ
ZZZZZZ
ANTES FOSSE!
02/16
91

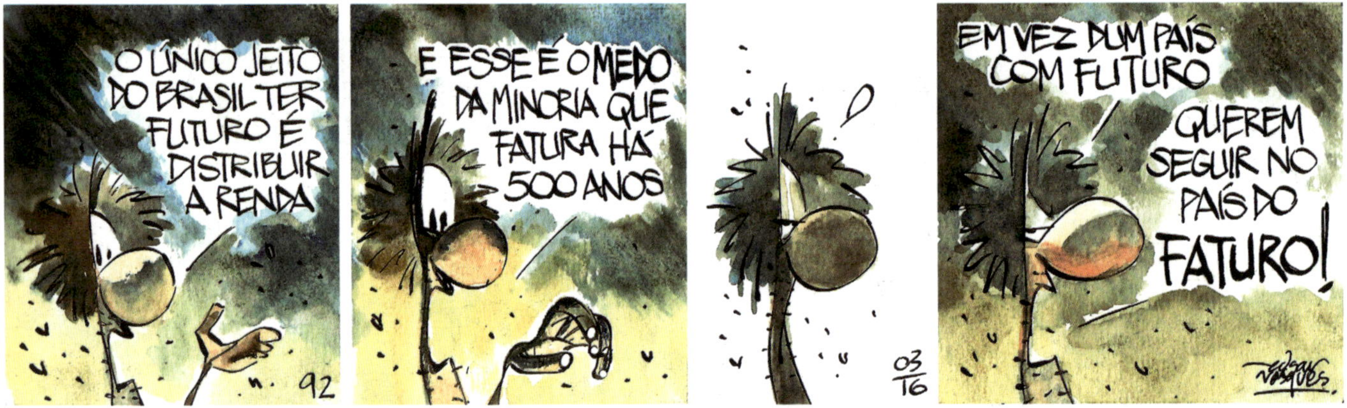
O ÚNICO JEITO DO BRASIL TER FUTURO É DISTRIBUIR A RENDA
92
E ESSE É O MEDO DA MINORIA QUE FATURA HÁ 500 ANOS
!
03/16
EM VEZ DUM PAÍS COM FUTURO
QUEREM SEGUIR NO PAÍS DO FATURO!

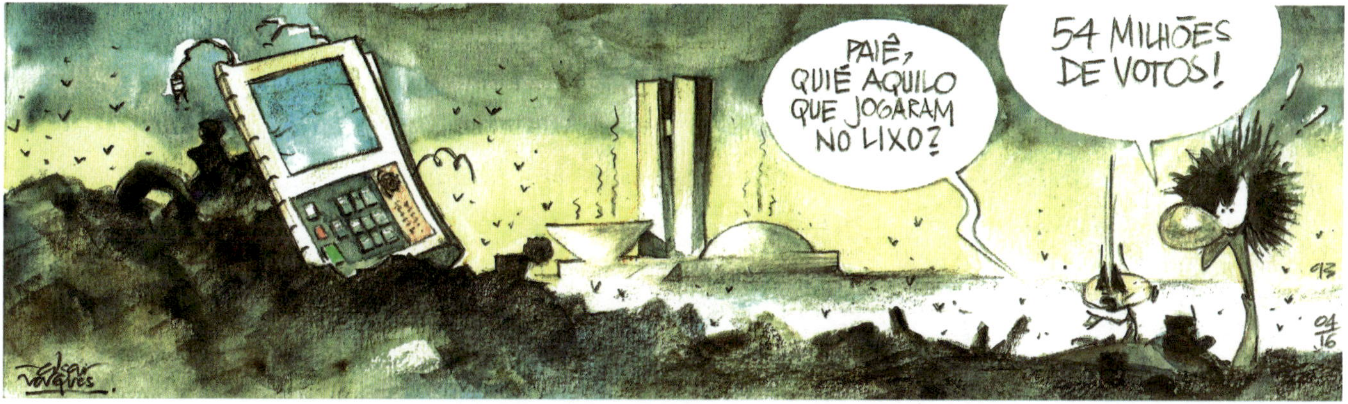
PAIÊ, QUIÉ AQUILO QUE JOGARAM NO LIXO?
54 MILHÕES DE VOTOS!
93
04/16

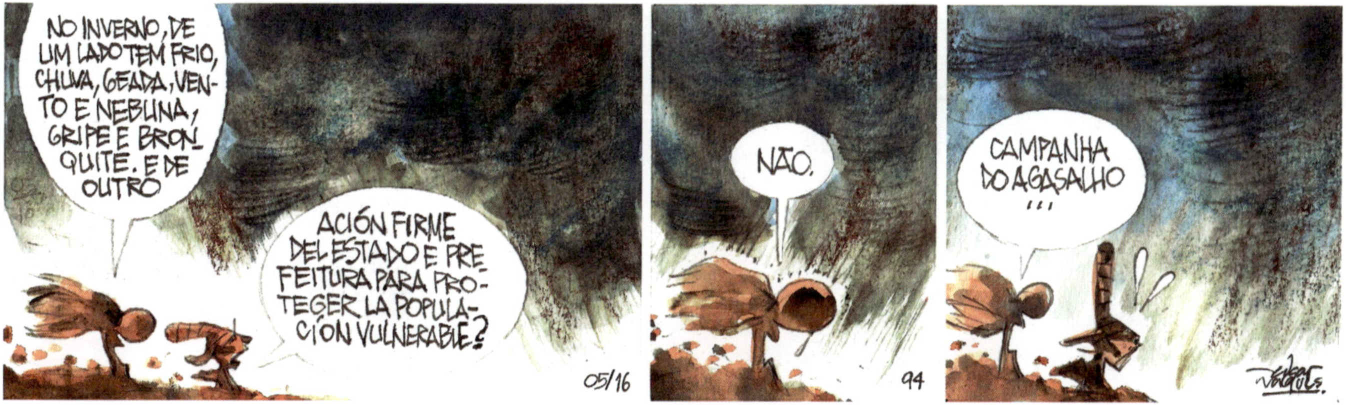
NO INVERNO, DE UM LADO TEM FRIO, CHUVA, GEADA, VENTO E NEBLINA, GRIPE E BRONQUITE. E DE OUTRO
ACIÓN FIRME DEL ESTADO E PREFEITURA PARA PROTEGER LA POPULACIÓN VULNERABLE?
05/16
NÃO.
94
CAMPANHA DO AGASALHO ...

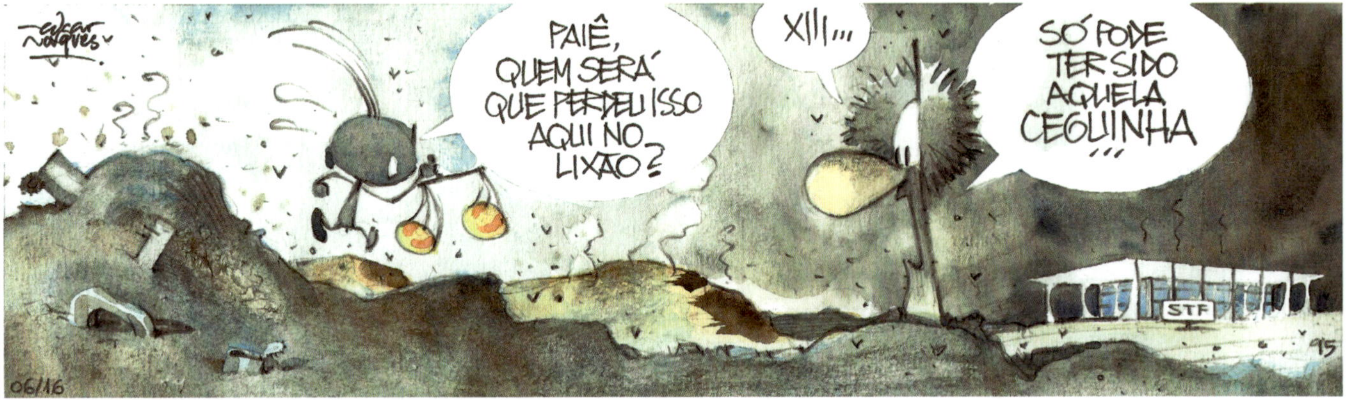
PAIÊ, QUEM SERÁ QUE PERDEU ISSO AQUI NO LIXÃO?
XIII...
SÓ PODE TER SIDO AQUELA CEGUINHA...
STF
06/16
95

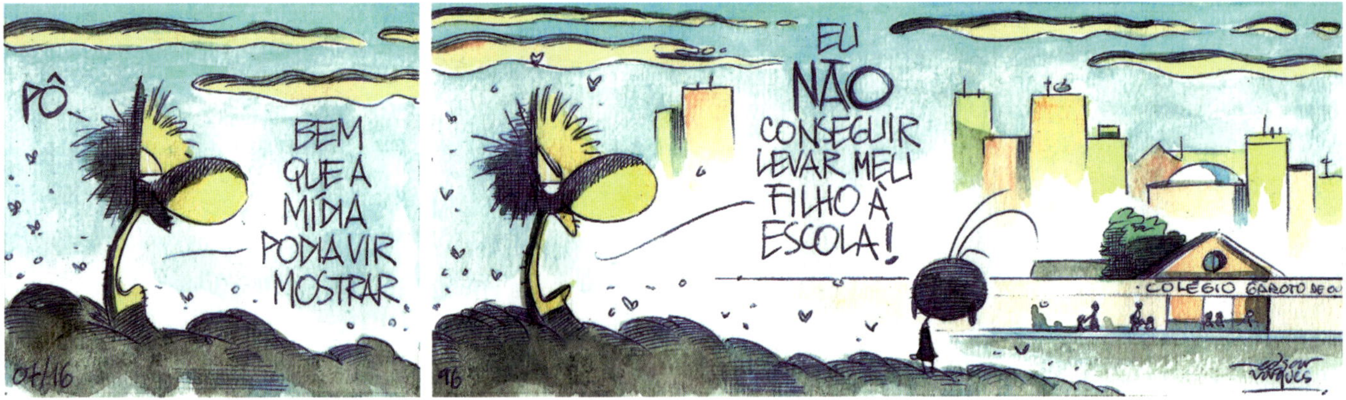
PÔ-
BEM QUE A MÍDIA PODIA VIR MOSTRAR
EU NÃO CONSEGUIR LEVAR MEU FILHO À ESCOLA!
COLÉGIO
07/16
96

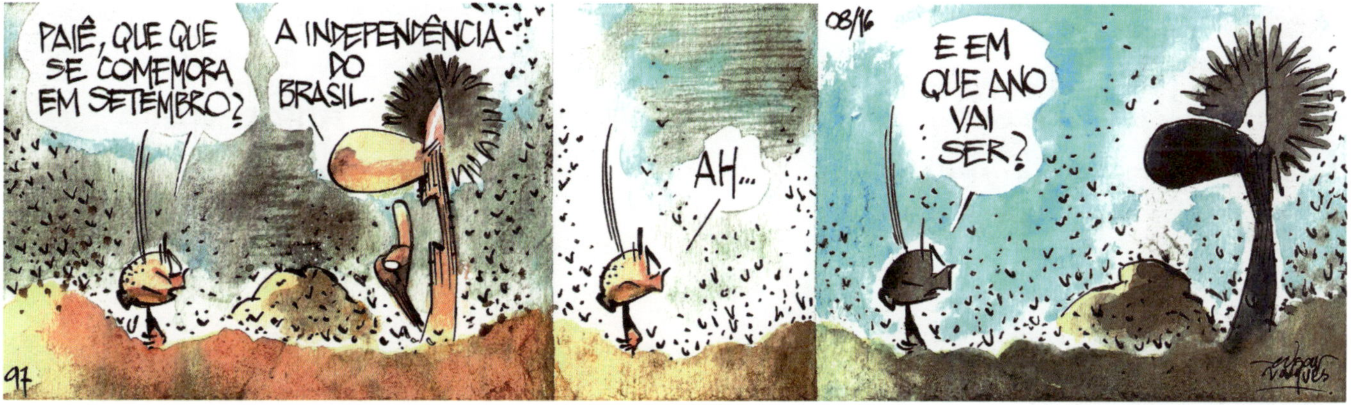
PAIÊ, QUE QUE SE COMEMORA EM SETEMBRO?
A INDEPENDÊNCIA DO BRASIL.
AH...
08/16
E EM QUE ANO VAI SER?
97
edgar vasques

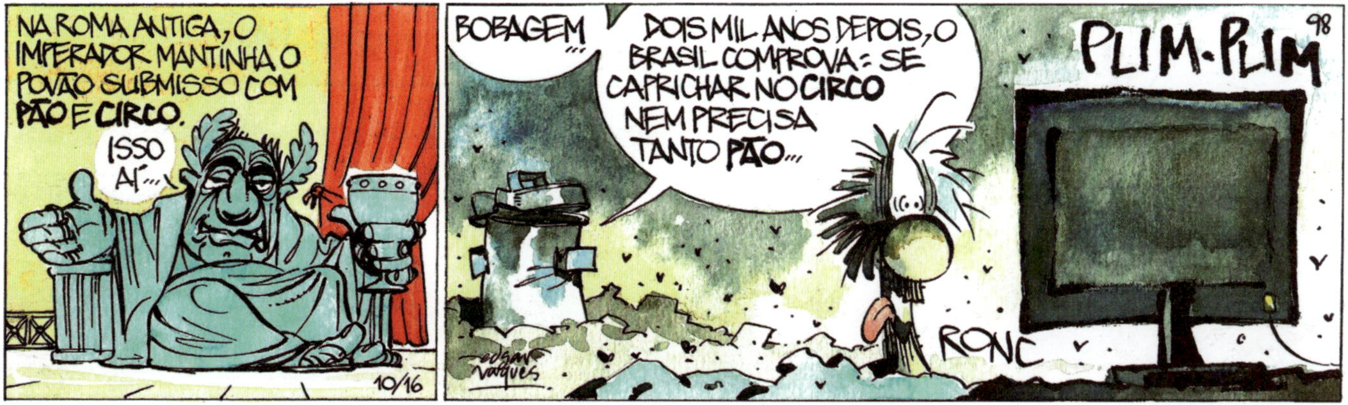
NA ROMA ANTIGA, O IMPERADOR MANTINHA O POVÃO SUBMISSO COM PÃO E CIRCO.
ISSO AÍ...
10/16
BOBAGEM...
DOIS MIL ANOS DEPOIS, O BRASIL COMPROVA: SE CAPRICHAR NO CIRCO NEM PRECISA TANTO PÃO...
PLIM-PLIM
98
RONC
edgar vasques

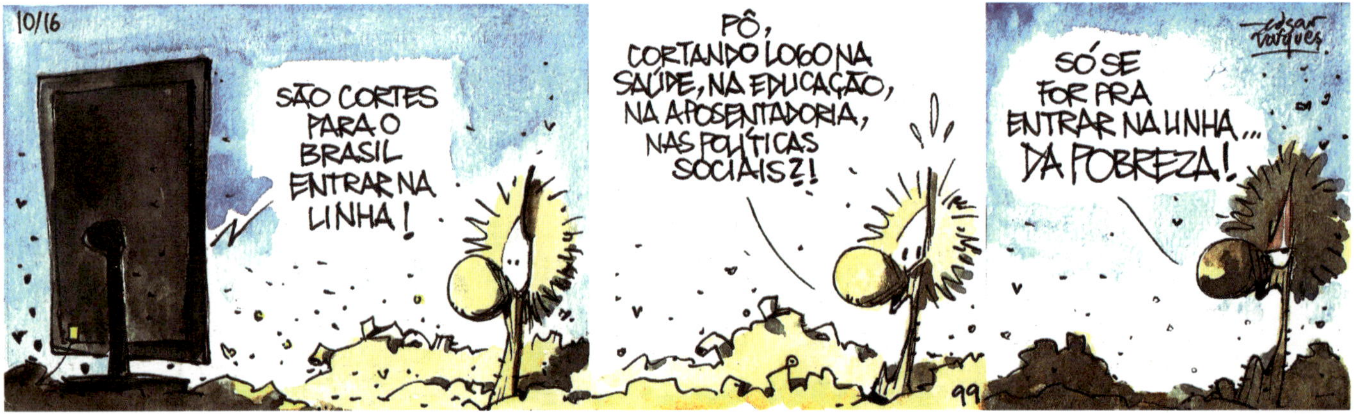
10/16
SÃO CORTES PARA O BRASIL ENTRAR NA LINHA!
PÔ, CORTANDO LOGO NA SAÚDE, NA EDUCAÇÃO, NA APOSENTADORIA, NAS POLÍTICAS SOCIAIS?!
SÓ SE FOR PRA ENTRAR NA LINHA... DA POBREZA!
99

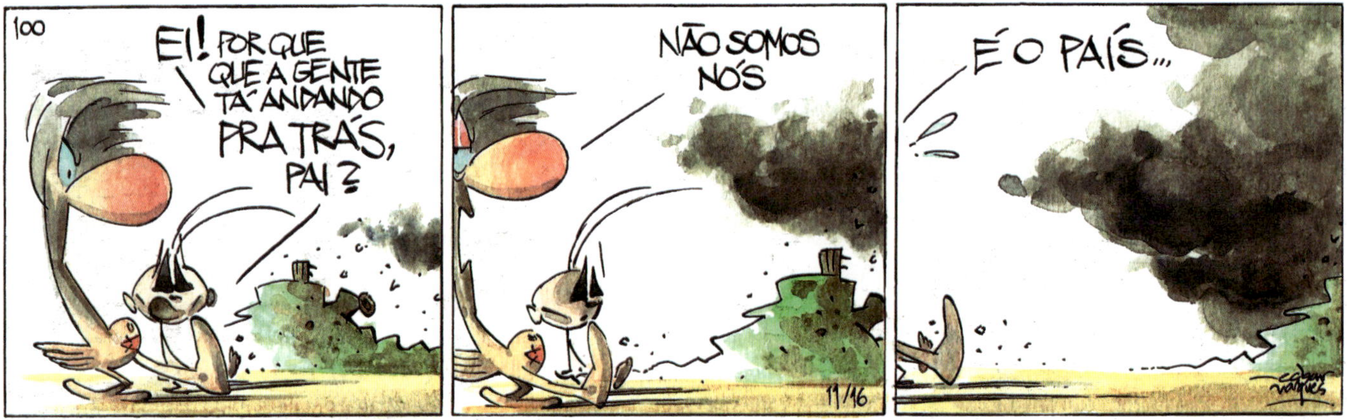
100
EI! POR QUE QUE A GENTE TÁ ANDANDO PRA TRÁS, PAI?
NÃO SOMOS NÓS
11/16
É O PAÍS...

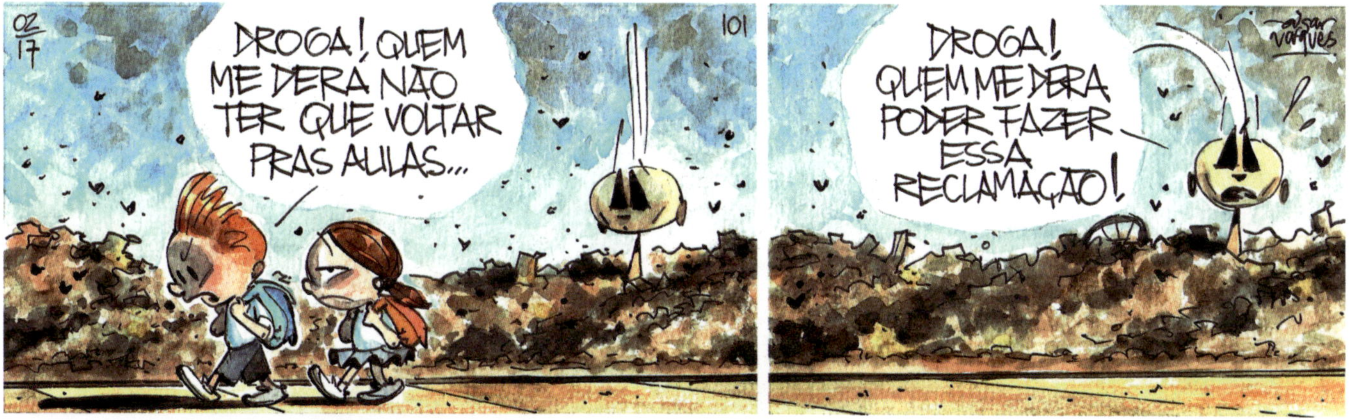
02 17
101
DROGA! QUEM ME DERA NÃO TER QUE VOLTAR PRAS AULAS...
DROGA! QUEM ME DERA PODER FAZER ESSA RECLAMAÇÃO!

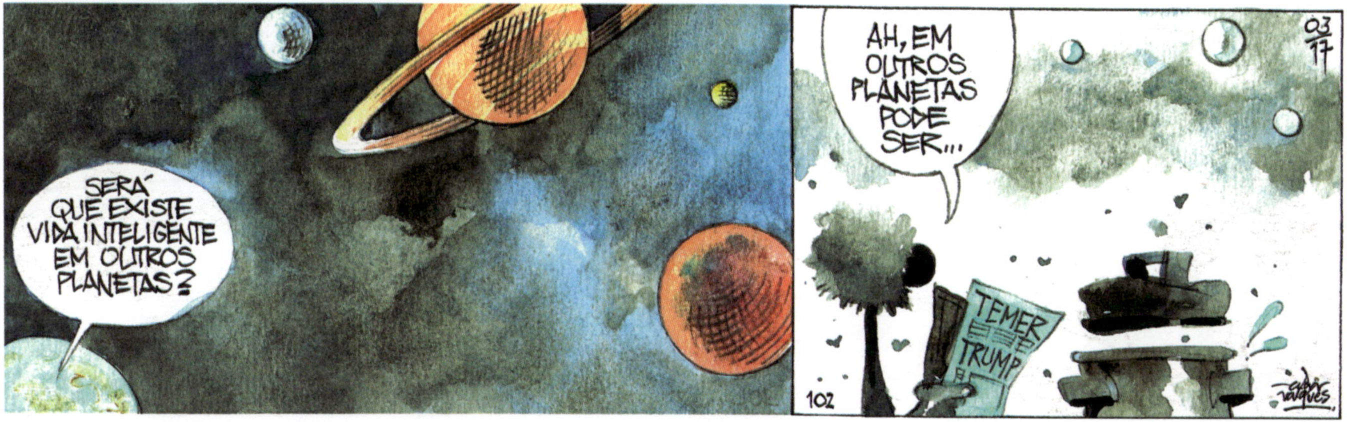
SERÁ QUE EXISTE VIDA INTELIGENTE EM OUTROS PLANETAS?
03 17
AH, EM OUTROS PLANETAS PODE SER...
TEMER
TRUMP
102

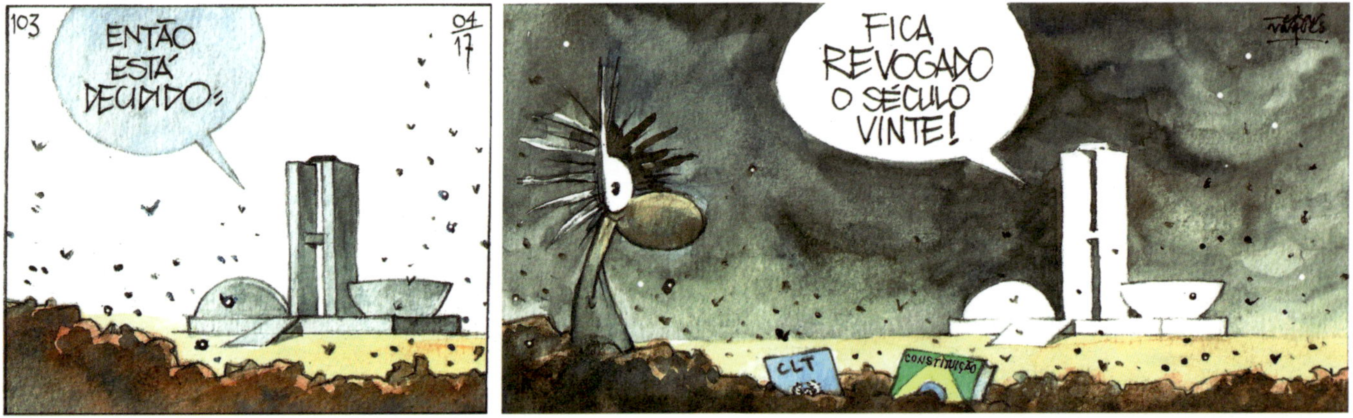
103
ENTÃO ESTÁ DECIDIDO:
04/17
FICA REVOGADO O SÉCULO VINTE!
CLT
CONSTITUIÇÃO

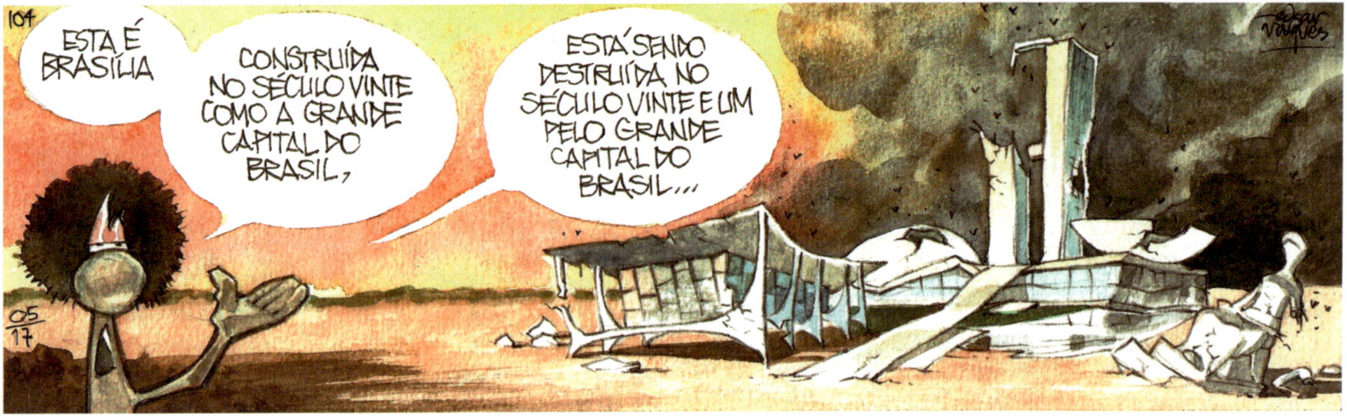
104
ESTA É BRASÍLIA
CONSTRUÍDA NO SÉCULO VINTE COMO A GRANDE CAPITAL DO BRASIL,
ESTÁ SENDO DESTRUÍDA NO SÉCULO VINTE E UM PELO GRANDE CAPITAL DO BRASIL...
05/17

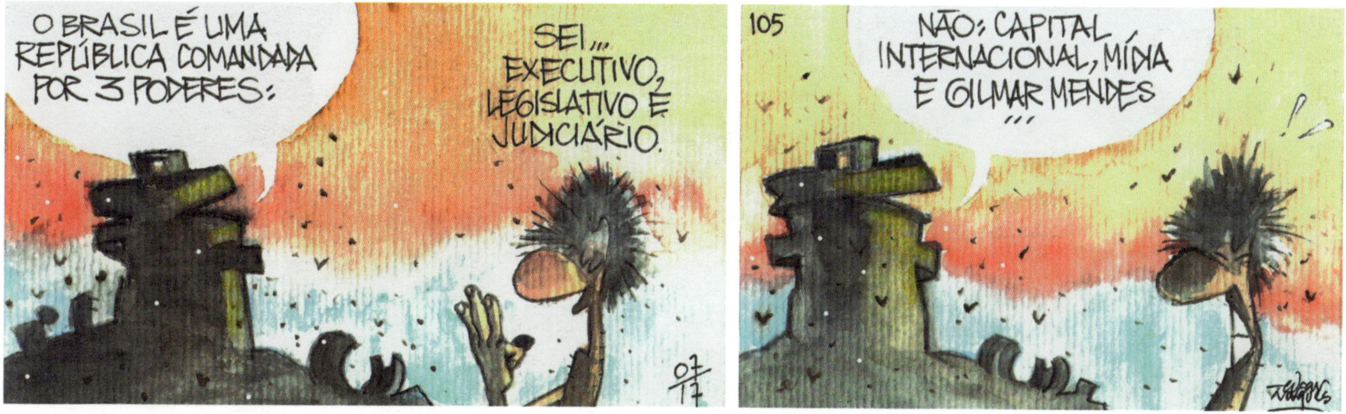
O BRASIL É UMA REPÚBLICA COMANDADA POR 3 PODERES:
SEI... EXECUTIVO, LEGISLATIVO E JUDICIÁRIO.
07/17
105
NÃO: CAPITAL INTERNACIONAL, MÍDIA E GILMAR MENDES...

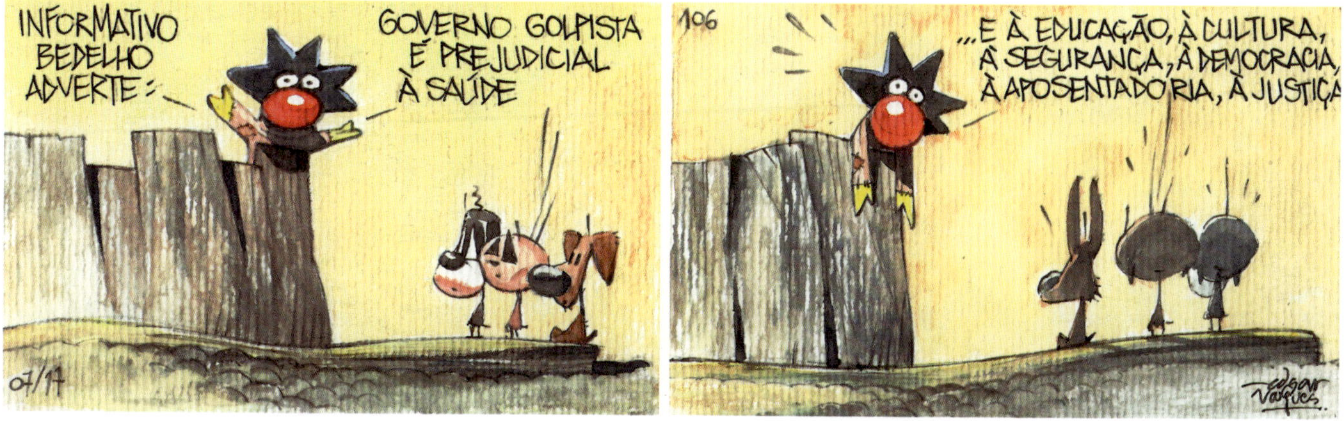
INFORMATIVO BEDELHO ADVERTE:
GOVERNO GOLPISTA É PREJUDICIAL À SAÚDE
07/17
106
...E À EDUCAÇÃO, À CULTURA, À SEGURANÇA, À DEMOCRACIA, À APOSENTADORIA, À JUSTIÇA

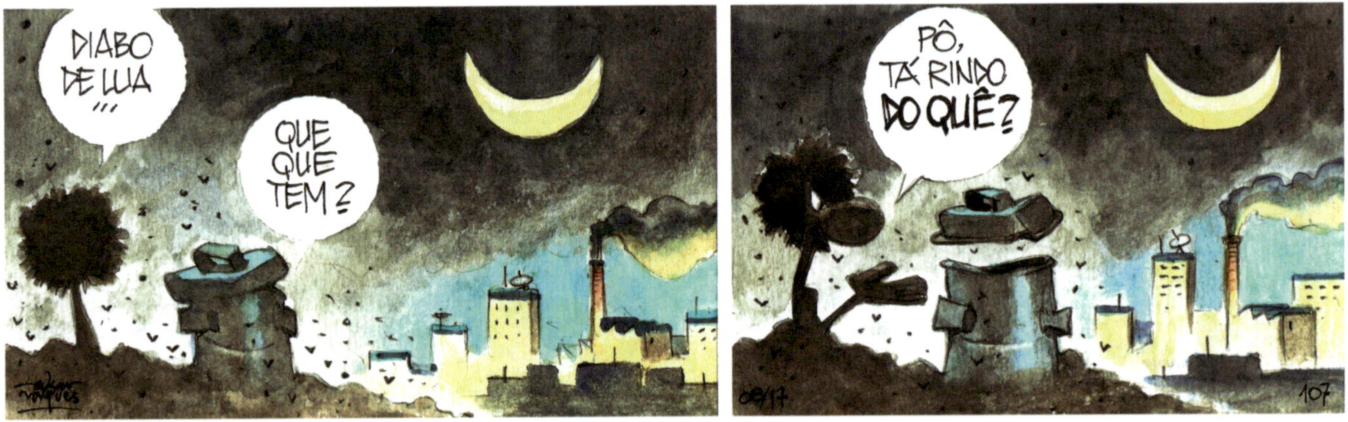

DIABO DE LUA ...
QUE QUE TEM?
PÔ, TÁ RINDO DO QUÊ?
08/17
107

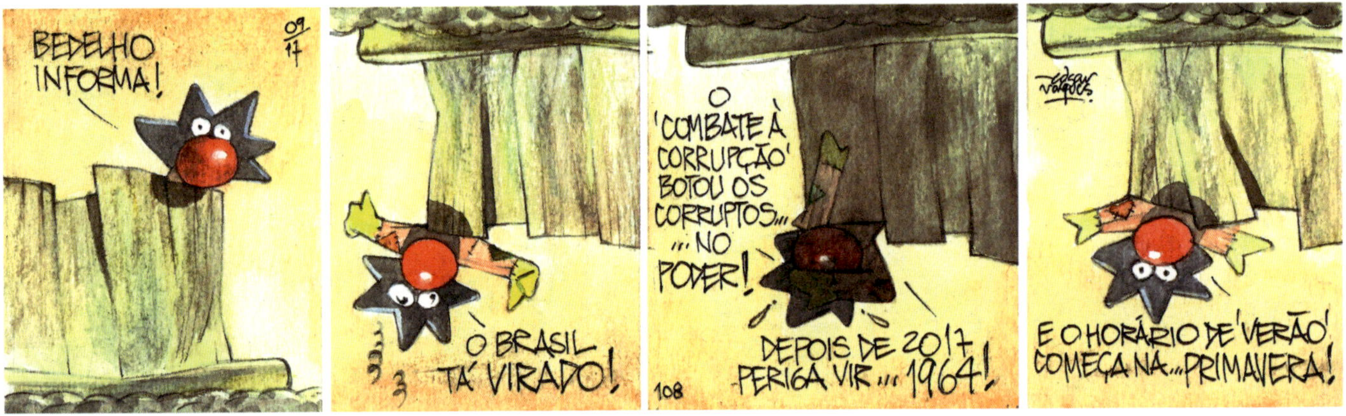

09/17
BEDELHO INFORMA!
O BRASIL TÁ VIRADO!
O 'COMBATE À CORRUPÇÃO' BOTOU OS CORRUPTOS... ...NO PODER!
DEPOIS DE 2017 PERIGA VIR... 1964!
108
E O HORÁRIO DE 'VERÃO' COMEÇA NA... PRIMAVERA!

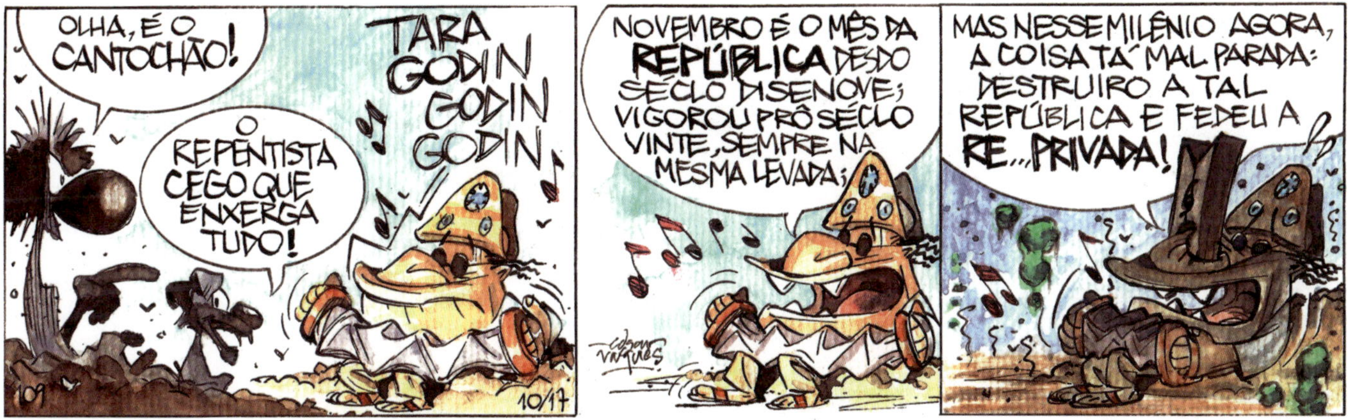
OLHA, É O CANTOCHÃO!
O REPENTISTA CEGO QUE ENXERGA TUDO!
TARA GODIN GODIN GODIN
109
10/17
NOVEMBRO É O MÊS DA **REPÚBLICA** DESDO SÉCLO DISENOVE; VIGOROU PRÔ SÉCLO VINTE, SEMPRE NA MESMA LEVADA;
MAS NESSE MILÊNIO AGORA, A COISA TÁ MAL PARADA: DESTRUIRO A TAL REPÚBLICA E FEDEU A **RE...PRIVADA!**

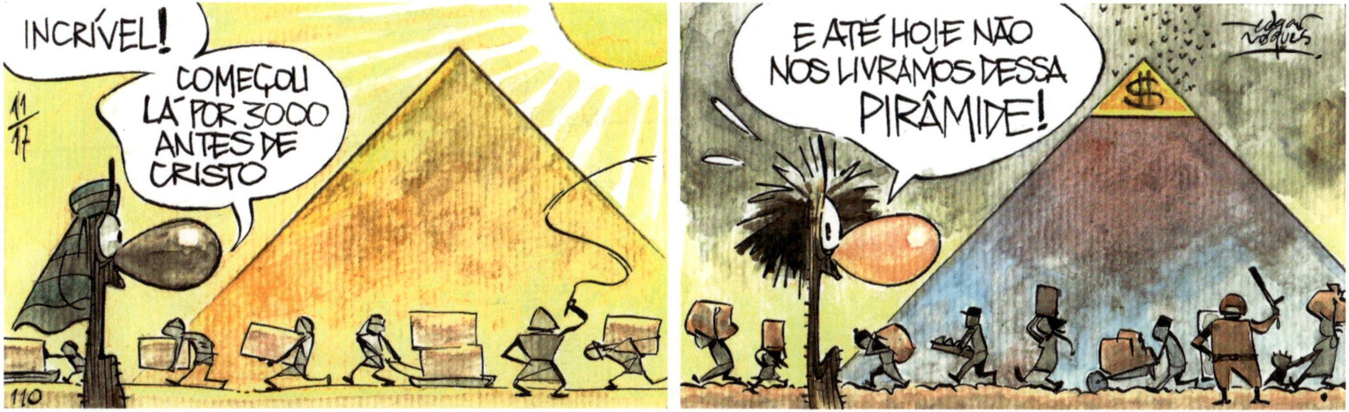
INCRÍVEL!
COMEÇOU LÁ POR 3000 ANTES DE CRISTO
11/17
110
E ATÉ HOJE NÃO NOS LIVRAMOS DESSA PIRÂMIDE!
$

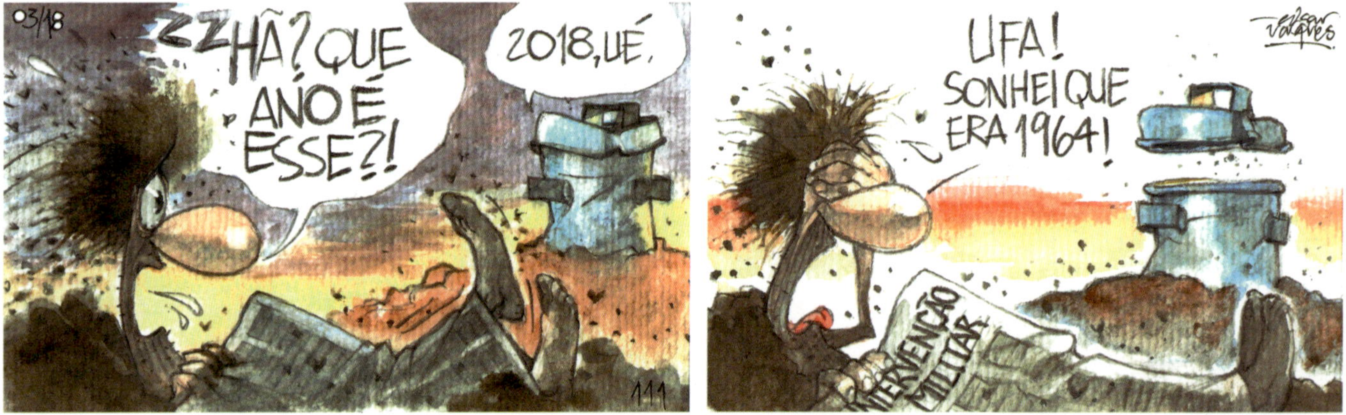
03/18
ZZ HÃ? QUE ANO É ESSE?!
2018, UÉ.
UFA! SONHEI QUE ERA 1964!
INTERVENÇÃO MILITAR
111

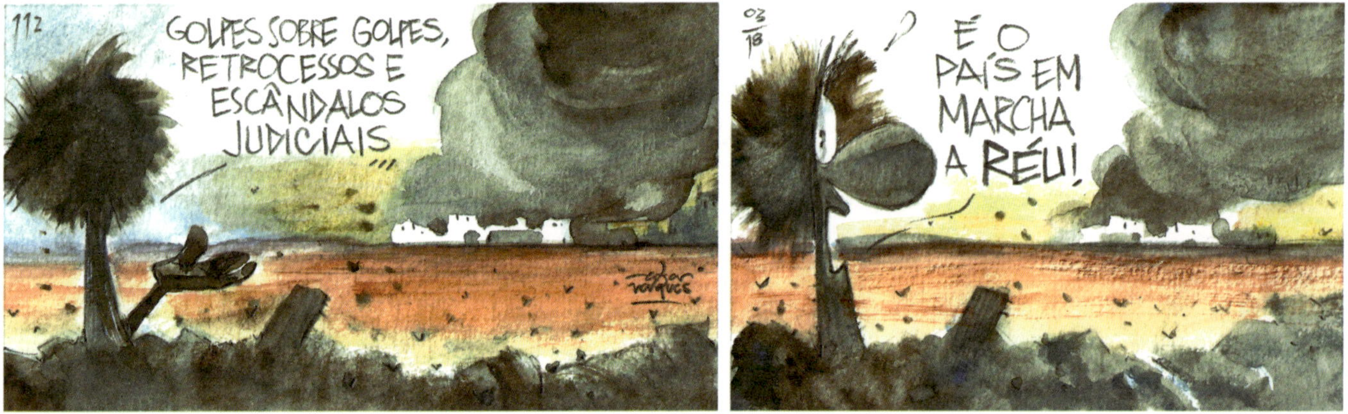
112
GOLPES SOBRE GOLPES, RETROCESSOS E ESCÂNDALOS JUDICIAIS
03/18
?
É O PAÍS EM MARCHA A RÉU!

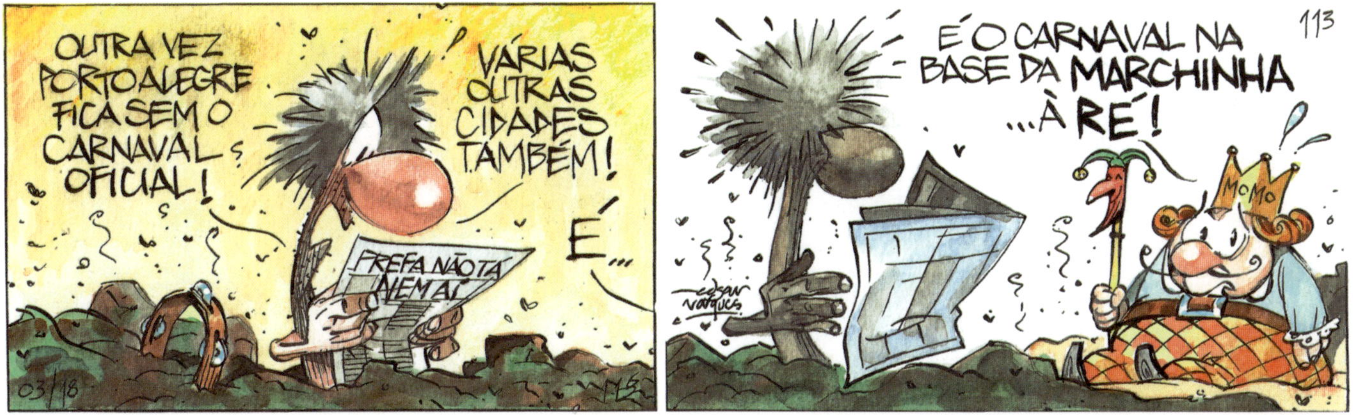
OUTRA VEZ PORTO ALEGRE FICA SEM O CARNAVAL OFICIAL!
VÁRIAS OUTRAS CIDADES TAMBÉM!
PREFA NÃO TÁ NEM AÍ
É...
03/18
113
É O CARNAVAL NA BASE DA MARCHINHA ...À RÉ!
MOMO

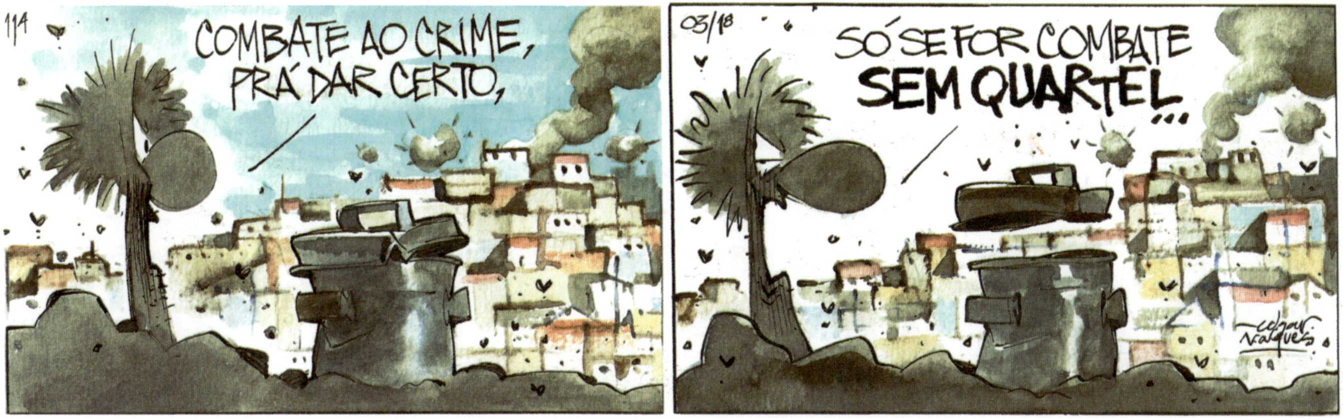
114
COMBATE AO CRIME, PRÁ DAR CERTO,
03/18
SÓ SE FOR COMBATE SEM QUARTEL...

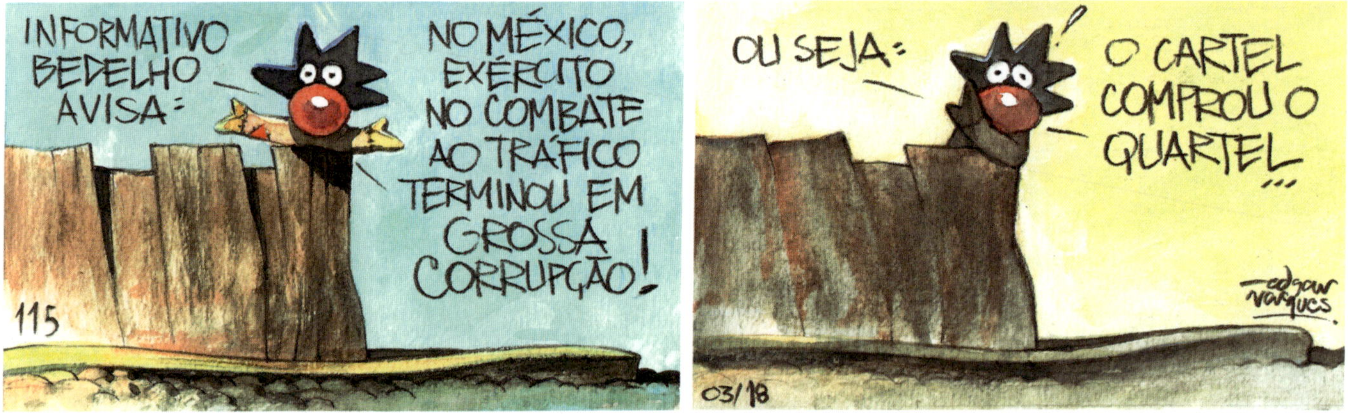
115
INFORMATIVO BEDELHO AVISA:
NO MÉXICO, EXÉRCITO NO COMBATE AO TRÁFICO TERMINOU EM GROSSA CORRUPÇÃO!
OU SEJA:
O CARTEL COMPROU O QUARTEL...
edgar vasques
03/18

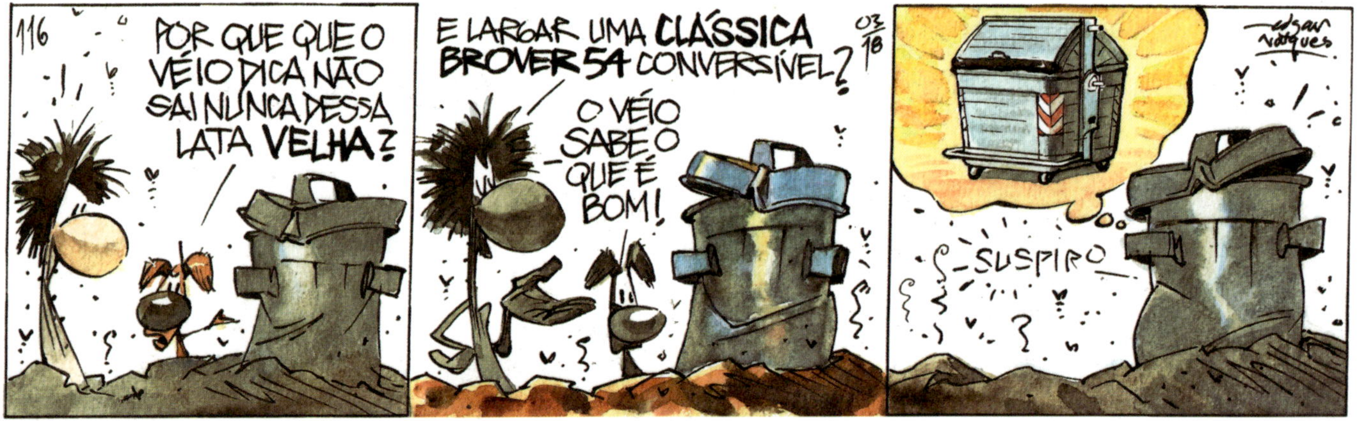
116
POR QUE QUE O VÉIO DICA NÃO SAI NUNCA DESSA LATA VELHA?
E LARGAR UMA CLÁSSICA BROVER 54 CONVERSÍVEL?
O VÉIO SABE O QUE É BOM!
03/18
edgar vasques
SUSPIRO

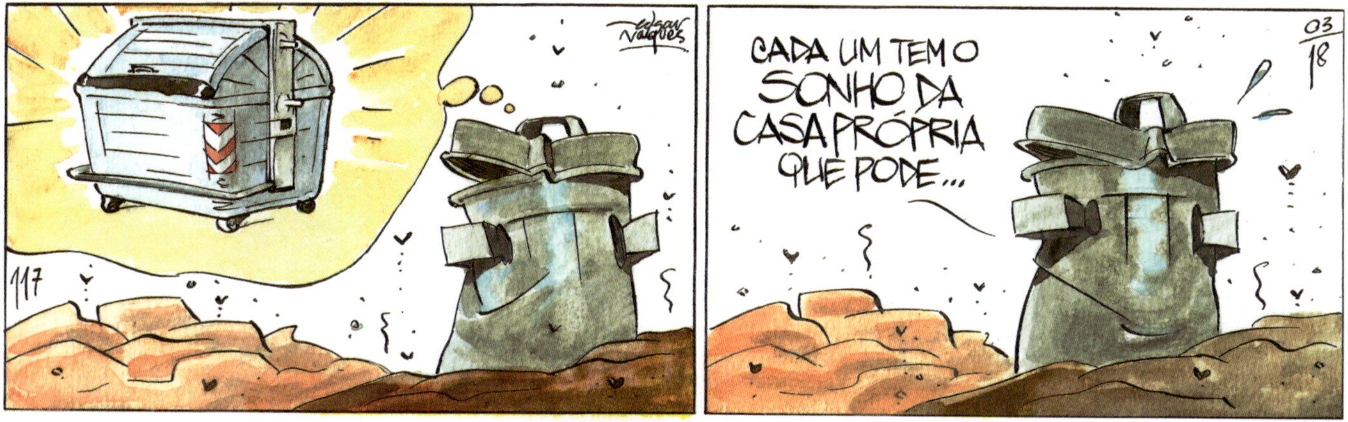
117
CADA UM TEM O SONHO DA CASA PRÓPRIA QUE PODE...
03/18

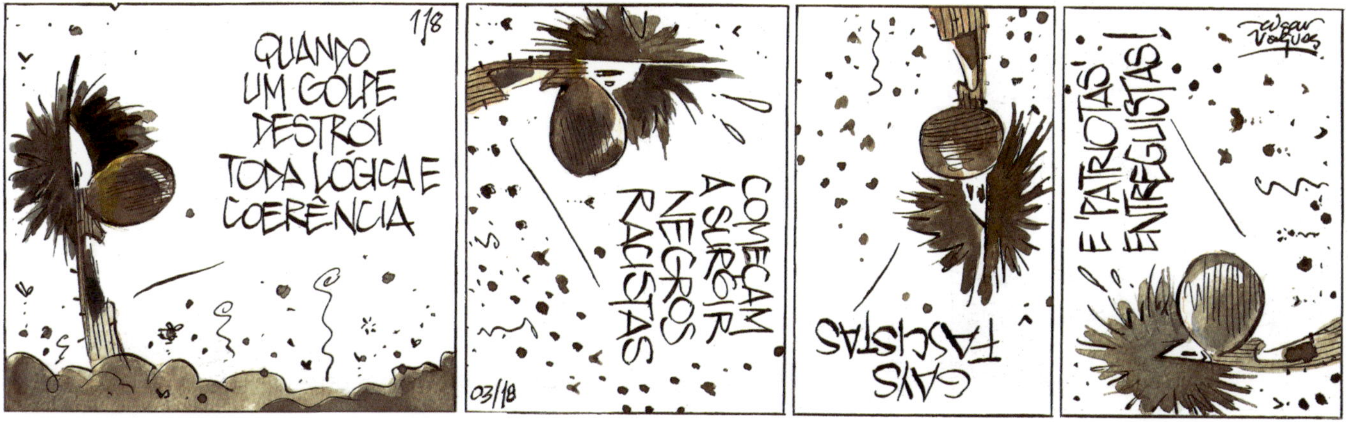
118
QUANDO UM GOLPE DESTRÓI TODA LÓGICA E COERÊNCIA
COMEÇAM A SURGIR NEGROS RACISTAS
03/18
GAYS FASCISTAS
E PATRIOTAS ENTREGUISTAS!

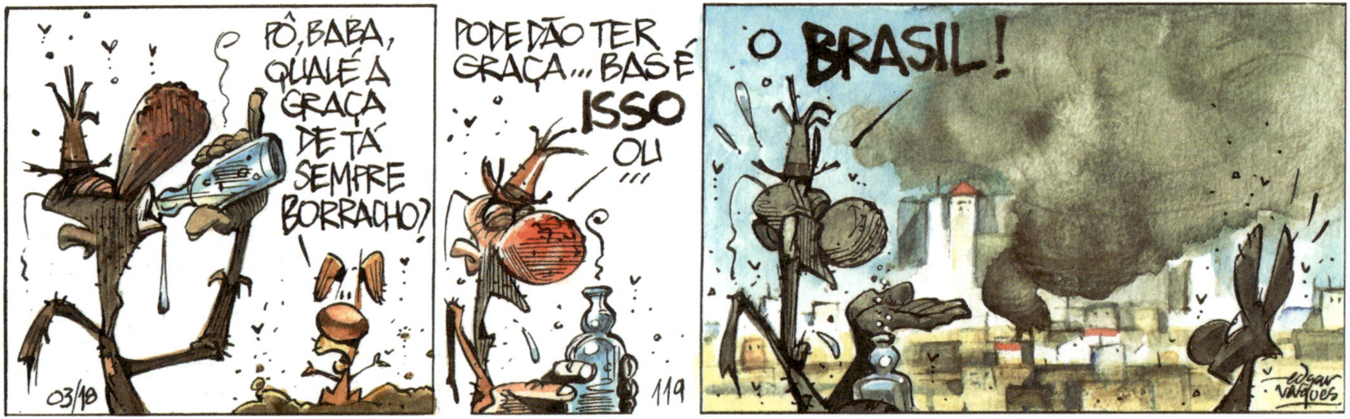
PÔ, BABA, QUALÉ A GRAÇA DE TÁ SEMPRE BORRACHO?
PODE DÃO TER GRAÇA... BAS É ISSO OU...
O BRASIL!
03/18
119
edgar vasques

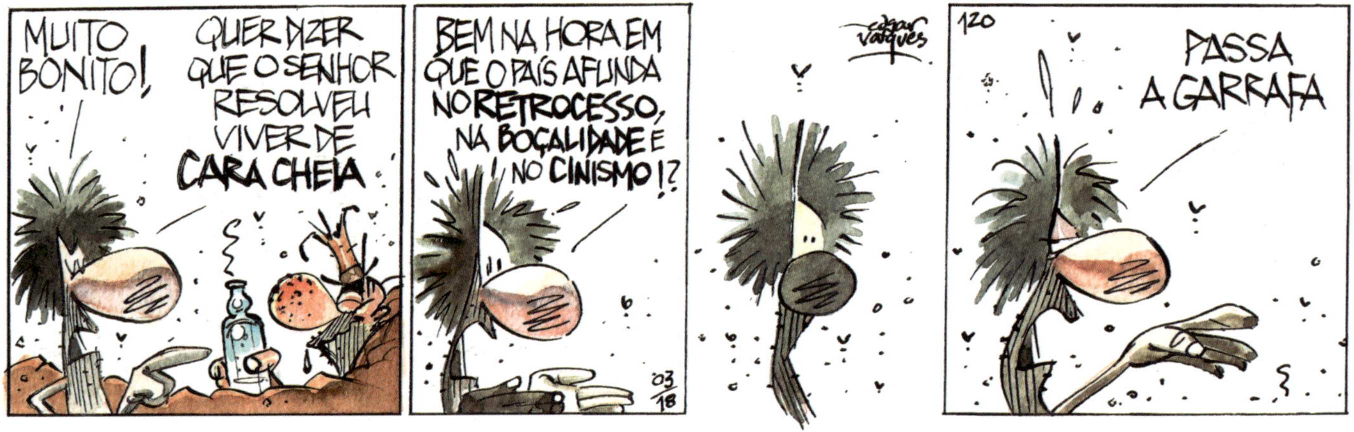
MUITO BONITO!
QUER DIZER QUE O SENHOR RESOLVEU VIVER DE CARA CHEIA
BEM NA HORA EM QUE O PAÍS AFUNDA NO RETROCESSO, NA BOÇALIDADE E NO CINISMO!?
03/18
edgar vasques
120
PASSA A GARRAFA

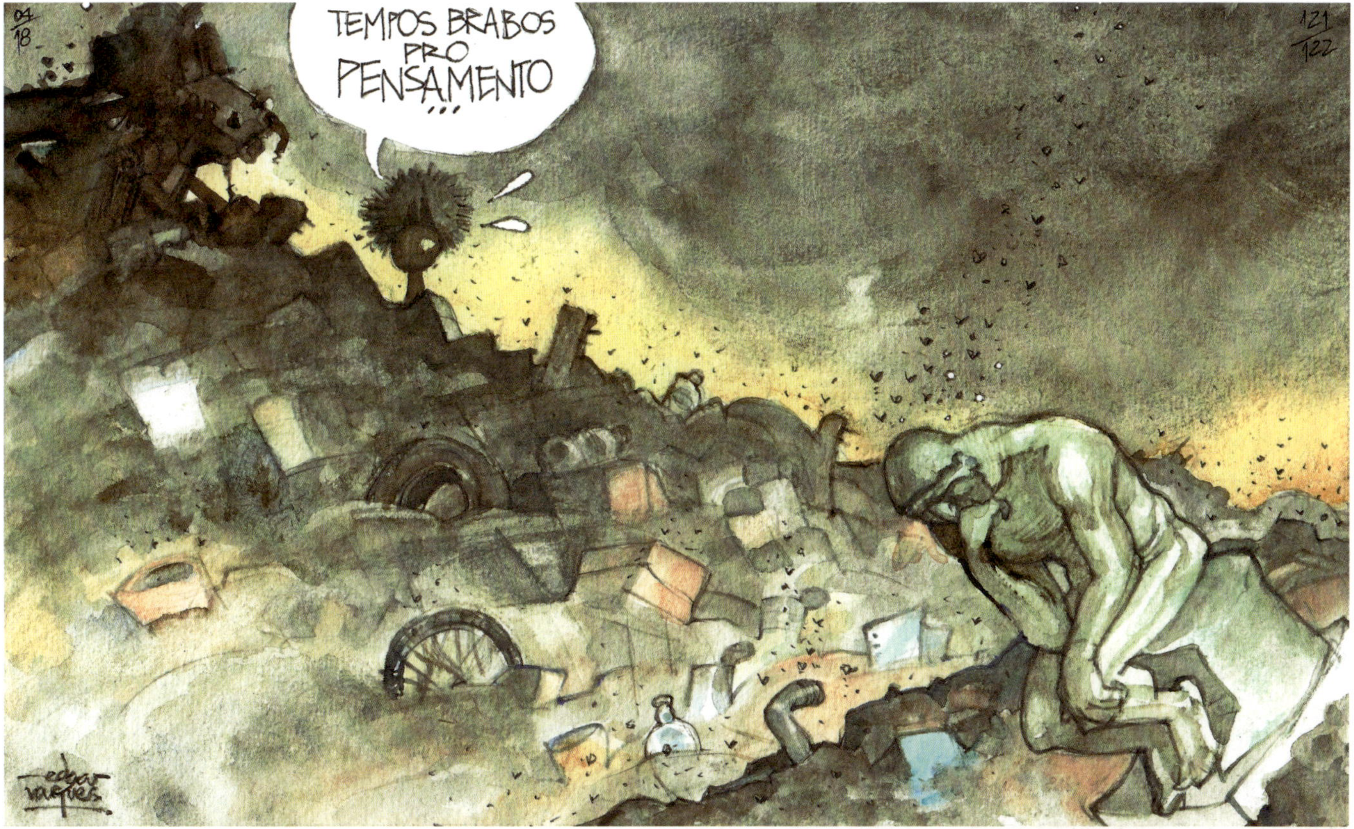
TEMPOS BRABOS PRO PENSAMENTO...

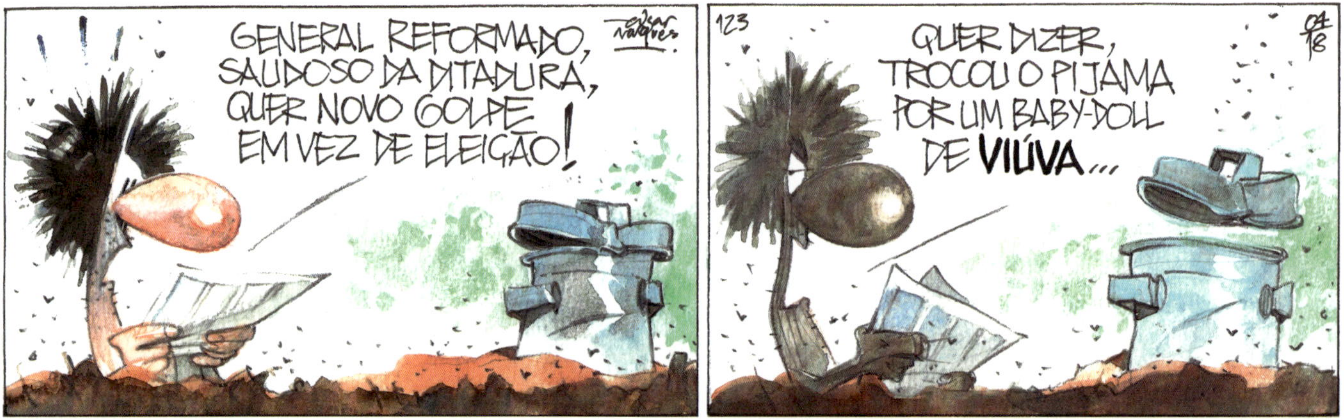
GENERAL REFORMADO, SAUDOSO DA DITADURA, QUER NOVO GOLPE EM VEZ DE ELEIÇÃO!
123
04/18
QUER DIZER, TROCOU O PIJAMA POR UM BABY-DOLL DE **VIÚVA**...

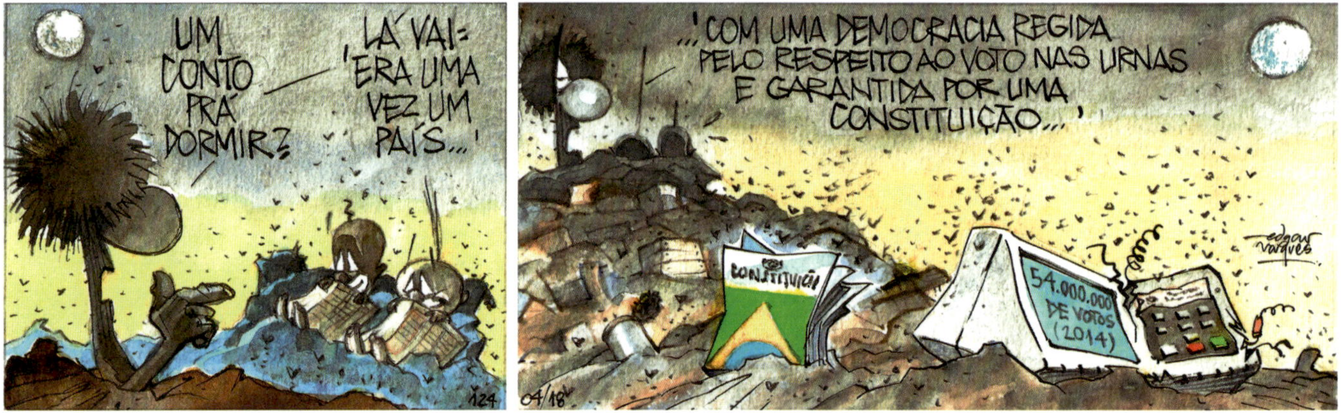
UM CONTO PRÁ DORMIR?
LÁ VAI: 'ERA UMA VEZ UM PAÍS...'
124
...'COM UMA DEMOCRACIA REGIDA PELO RESPEITO AO VOTO NAS URNAS E GARANTIDA POR UMA CONSTITUIÇÃO...'
CONSTITUIÇÃO
54.000.000 DE VOTOS (2014)
04/18

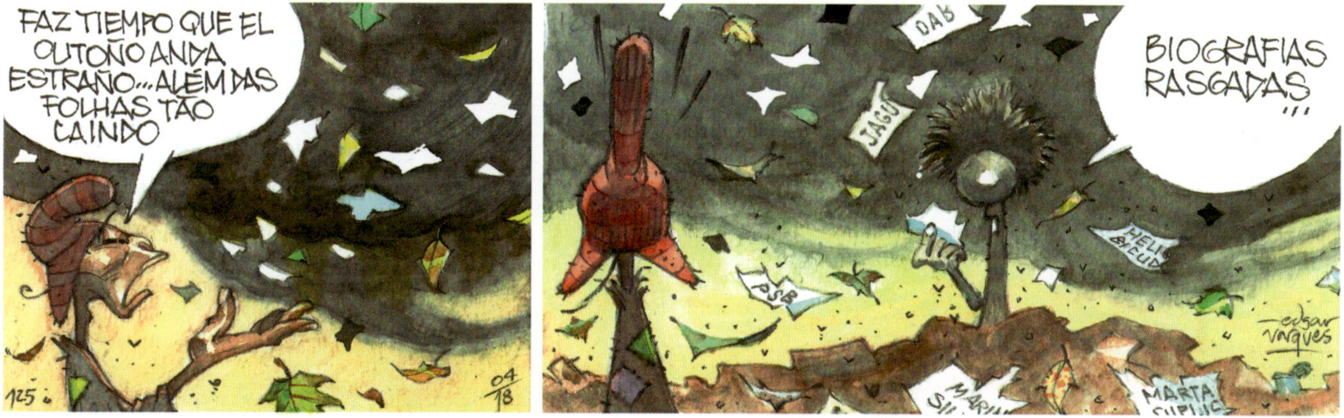
FAZ TIEMPO QUE EL OUTOÑO ANDA ESTRAÑO... ALÉM DAS FOLHAS TÃO CAINDO
125
04/18
DAB
PSB
BIOGRAFIAS RASGADAS ...
edgar vasques

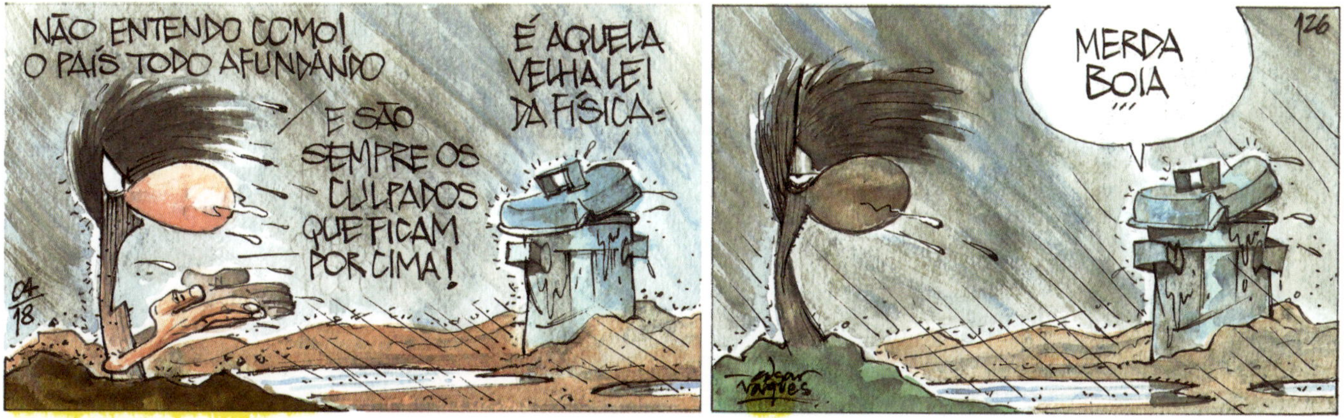
NÃO ENTENDO COMO! O PAÍS TODO AFUNDANDO
E SÃO SEMPRE OS CULPADOS QUE FICAM POR CIMA!
É AQUELA VELHA LEI DA FÍSICA:
04/18
126
MERDA BOIA ...
edgar vasques

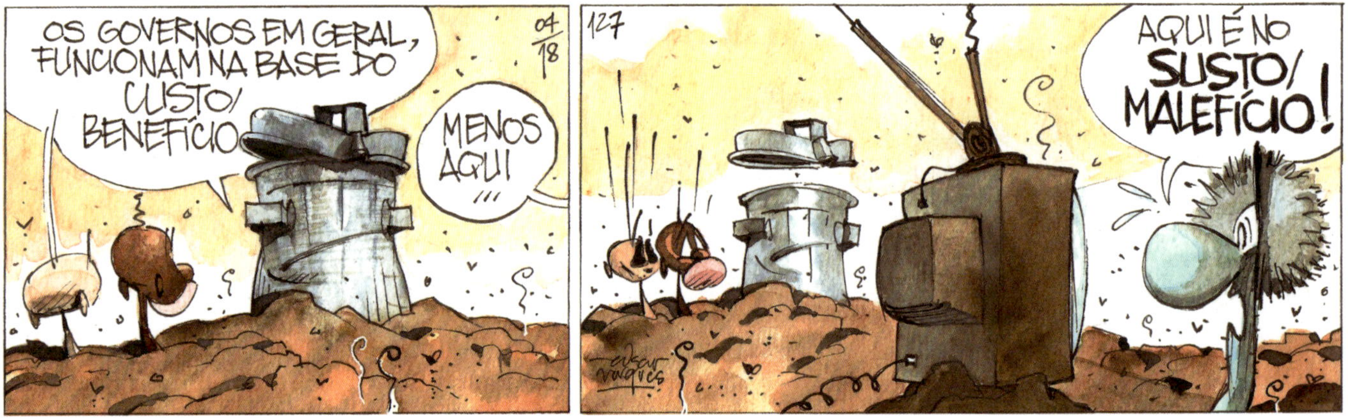
04/18
OS GOVERNOS EM GERAL, FUNCIONAM NA BASE DO CUSTO/BENEFÍCIO
MENOS AQUI
127
AQUI É NO SUSTO/MALEFÍCIO!

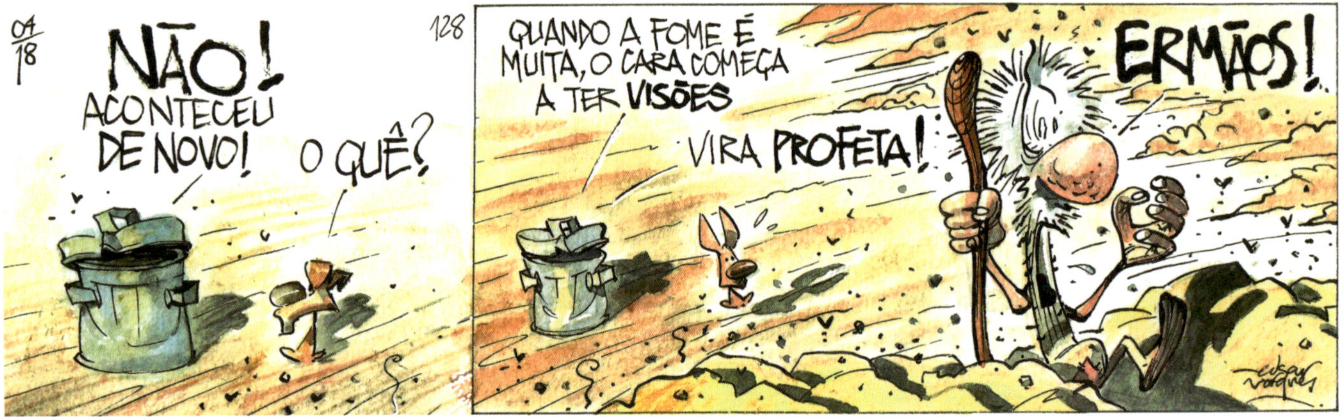
04/18
NÃO! ACONTECEU DE NOVO!
O QUÊ?
128
QUANDO A FOME É MUITA, O CARA COMEÇA A TER VISÕES
VIRA PROFETA!
ERMÃOS!

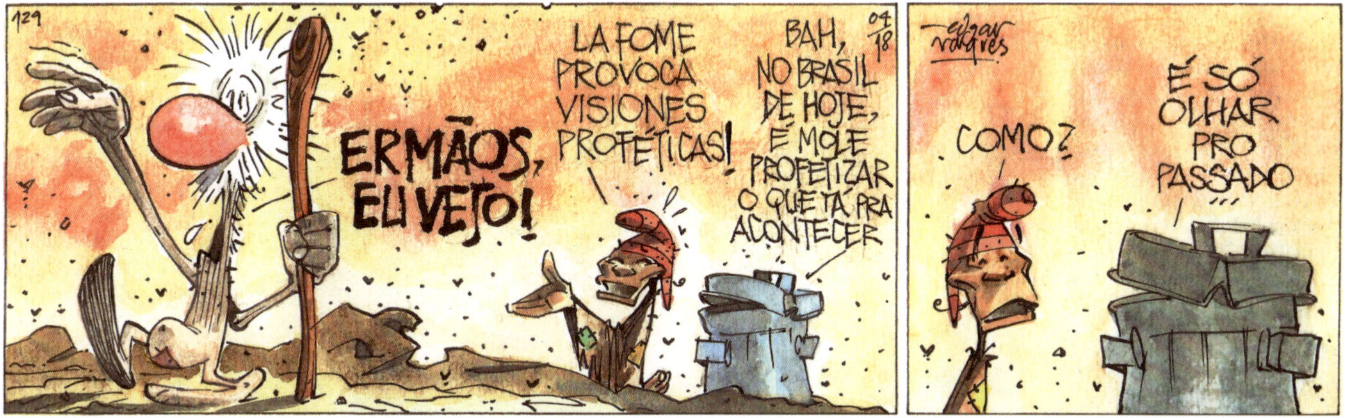
129
04/18
ERMÃOS, EU VEJO!
LA FOME PROVOCA VISIONES PROFÉTICAS!
BAH, NO BRASIL DE HOJE, É MOLE PROFETIZAR O QUE TÁ PRA ACONTECER
COMO?
É SÓ OLHAR PRO PASSADO...

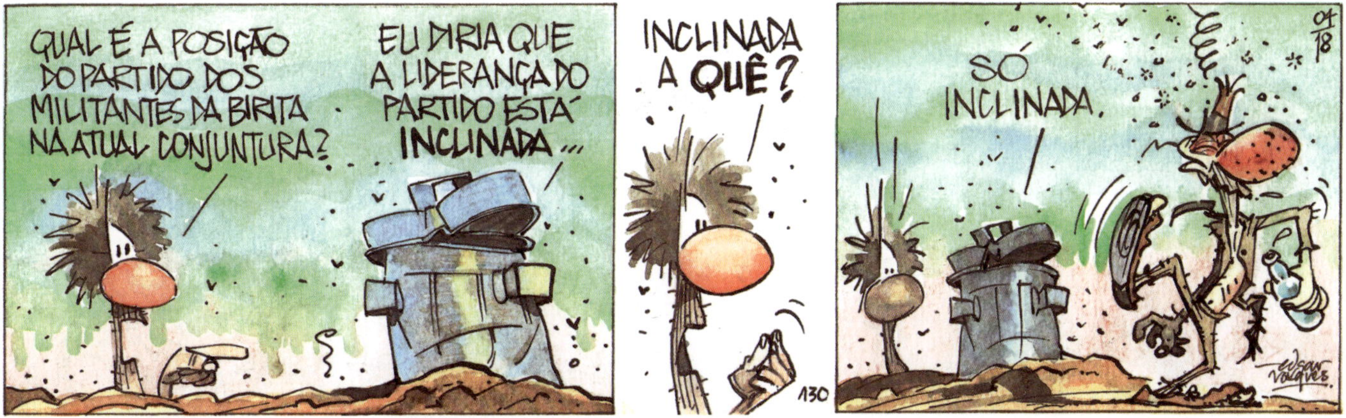
QUAL É A POSIÇÃO DO PARTIDO DOS MILITANTES DA BIRITA NA ATUAL CONJUNTURA?
EU DIRIA QUE A LIDERANÇA DO PARTIDO ESTÁ **INCLINADA**...
INCLINADA A **QUÊ**?
130
04/18
SÓ INCLINADA.

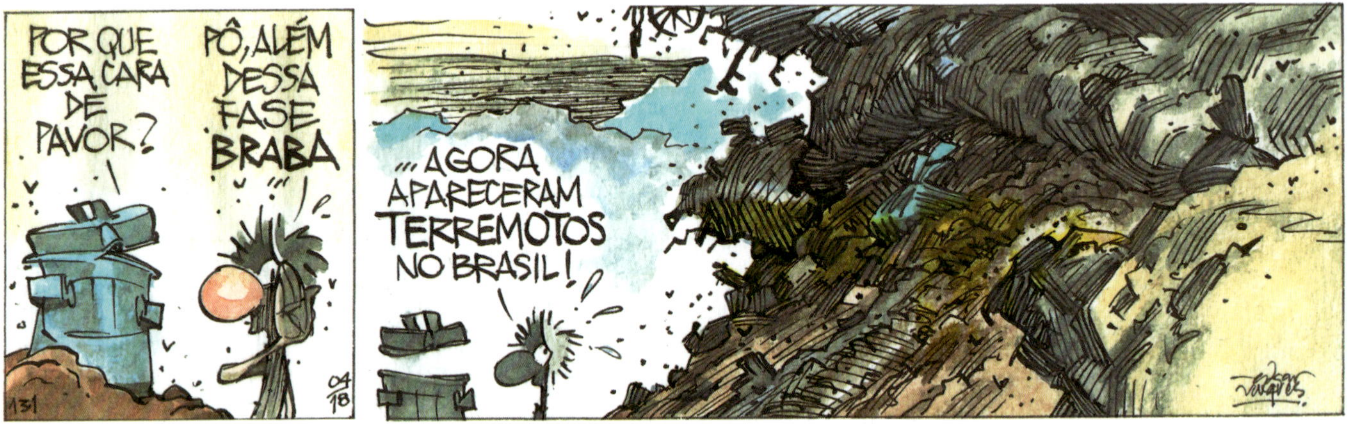
POR QUE ESSA CARA DE PAVOR?
PÔ, ALÉM DESSA FASE BRABA
... AGORA APARECERAM TERREMOTOS NO BRASIL!

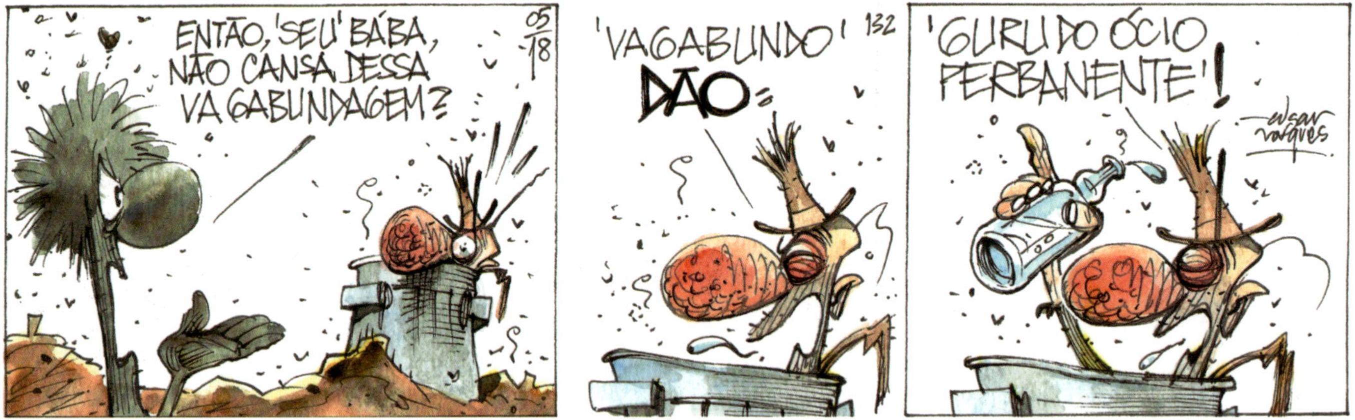
ENTÃO, 'SEU' BÁBA, NÃO CANSA DESSA VAGABUNDAGEM?
'VAGABUNDO'
DÃO:
'GURU DO ÓCIO PERBANENTE'!

BASTA DE HIPERATIVIDADE! CHEGA DE STRESS!

133

SIGA O BELI LEMA BELI=

05/18

'NÃO DEIXE PARA ABANHÃ HOJE O QUE VOCÊ PODE DEIXAR PARA ABANHÃ ABANHÃ'!

elson vargues P/ CLEA

GENIAL... O BABA, QUE NÃO FAZ NADA O DIA TODO, DIZ QUE NÃO É VAGABUNDO!

134

DIZ QUE É O 'GURU DO ÓCIO, PERMANENTE'...

05/18

CADA LUGAR TEM O GÊNIO DA GARRAFA QUE MERECE!

elson vargues

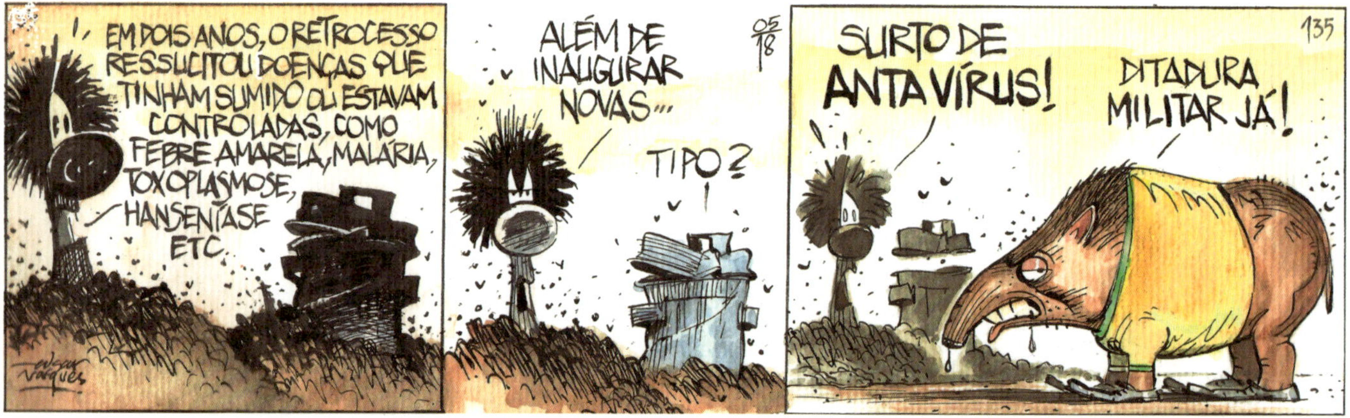
EM DOIS ANOS, O RETROCESSO RESSUSCITOU DOENÇAS QUE TINHAM SUMIDO OU ESTAVAM CONTROLADAS, COMO FEBRE AMARELA, MALÁRIA, TOXOPLASMOSE, HANSENÍASE ETC.
ALÉM DE INAUGURAR NOVAS...
TIPO?
05/18
135
SURTO DE ANTA VÍRUS!
DITADURA MILITAR JÁ!

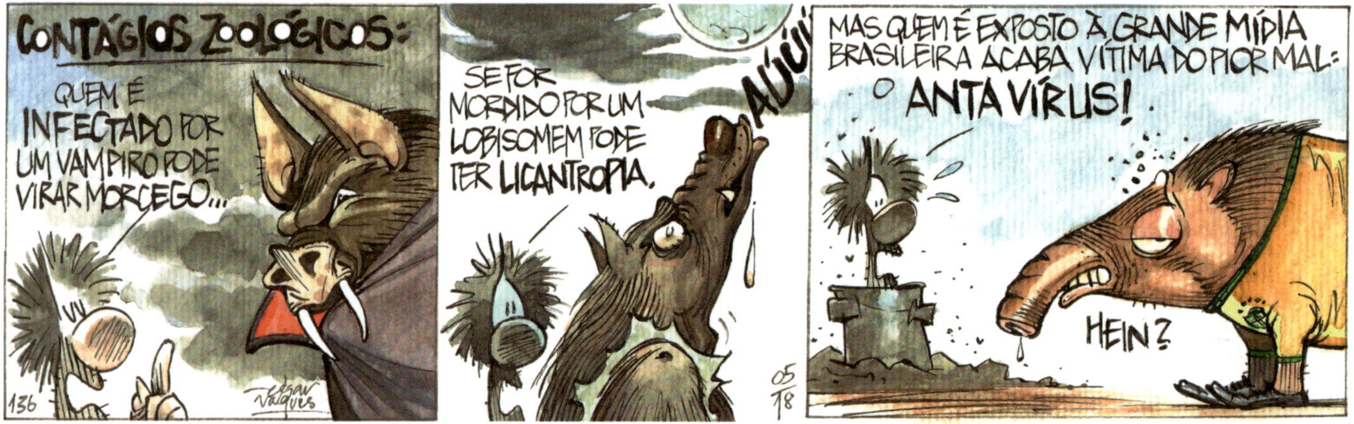
CONTÁGIOS ZOOLÓGICOS:
QUEM É INFECTADO POR UM VAMPIRO PODE VIRAR MORCEGO...
136
SE FOR MORDIDO POR UM LOBISOMEM PODE TER LICANTROPIA.
AUUU
05/18
MAS QUEM É EXPOSTO À GRANDE MÍDIA BRASILEIRA ACABA VÍTIMA DO PIOR MAL: O ANTA VÍRUS!
HEIN?

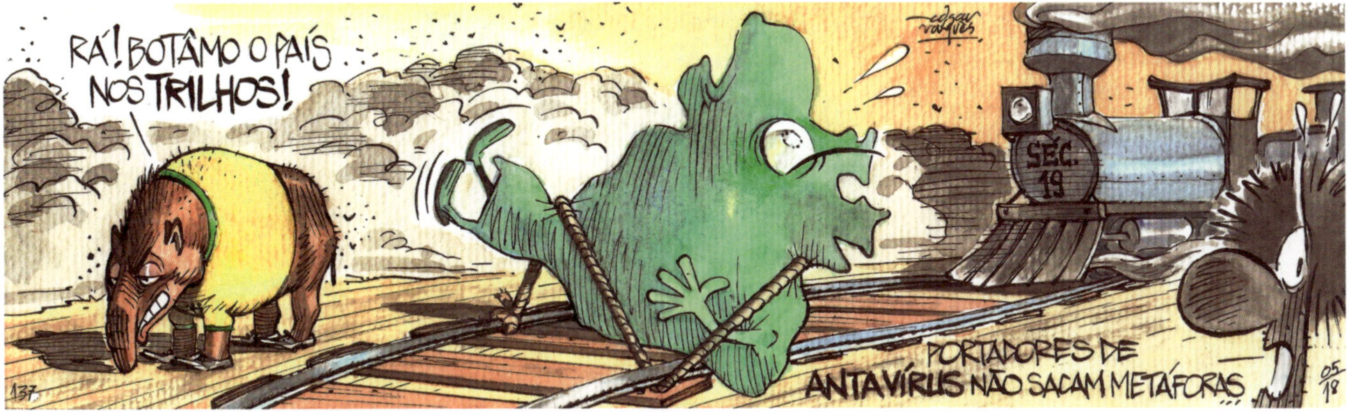
RÁ! BOTÂMO O PAÍS NOS TRILHOS!
SÉC. 19
PORTADORES DE ANTAVÍRUS NÃO SACAM METÁFORAS
137
05/18

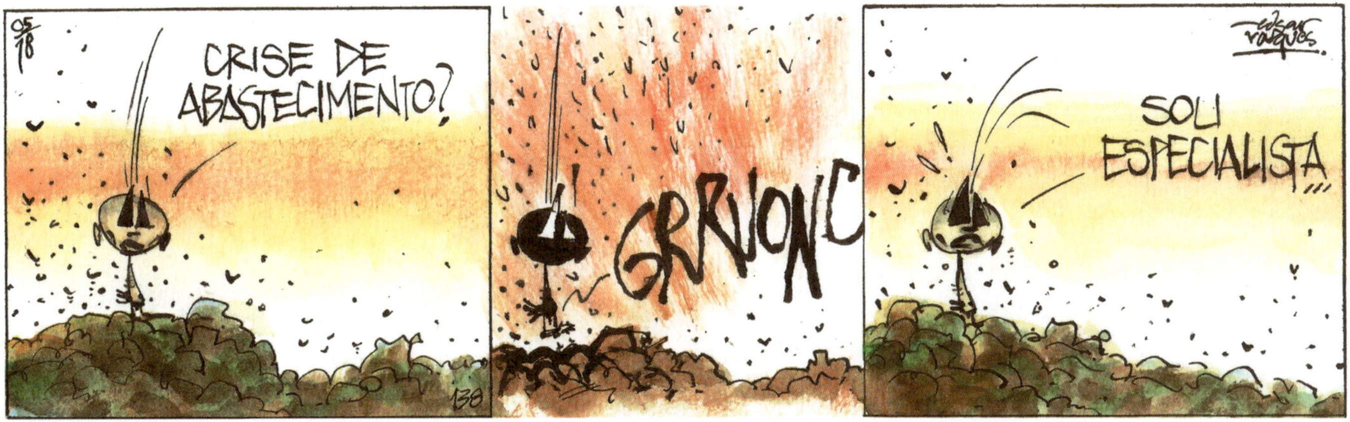
05/18
CRISE DE ABASTECIMENTO?
138
GRRVONC
SOLI ESPECIALISTA

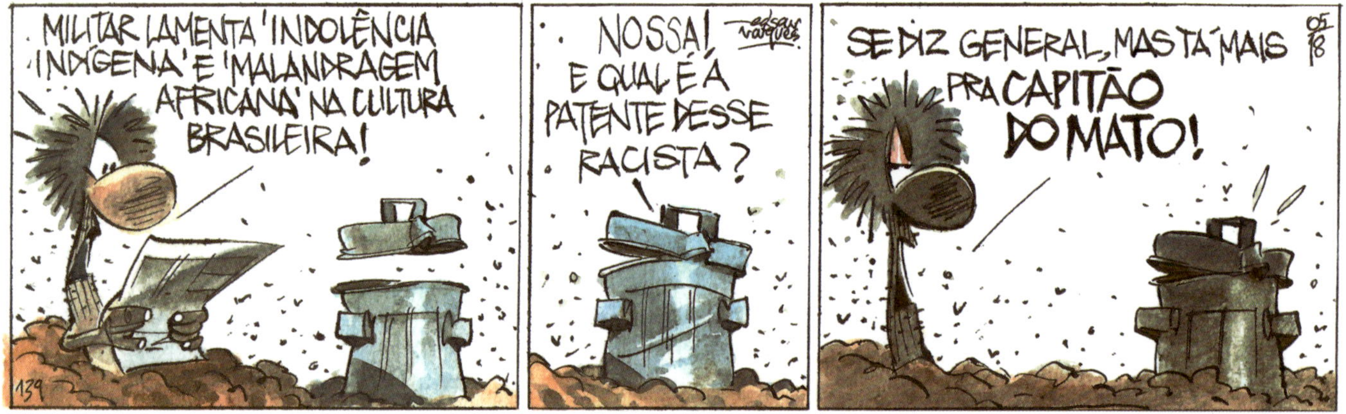

MILITAR LAMENTA 'INDOLÊNCIA INDÍGENA' E 'MALANDRAGEM AFRICANA' NA CULTURA BRASILEIRA!
139
NOSSA! E QUAL É A PATENTE DESSE RACISTA?
SE DIZ GENERAL, MAS TÁ MAIS PRA CAPITÃO DO MATO!
05/18

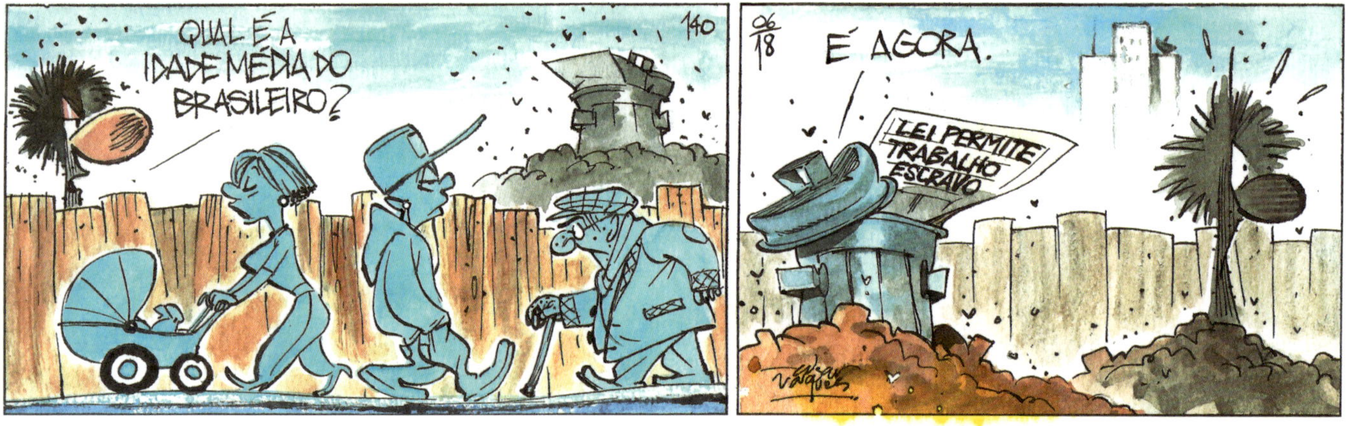

QUAL É A IDADE MÉDIA DO BRASILEIRO?
140
06/18
É AGORA.
LEI PERMITE TRABALHO ESCRAVO

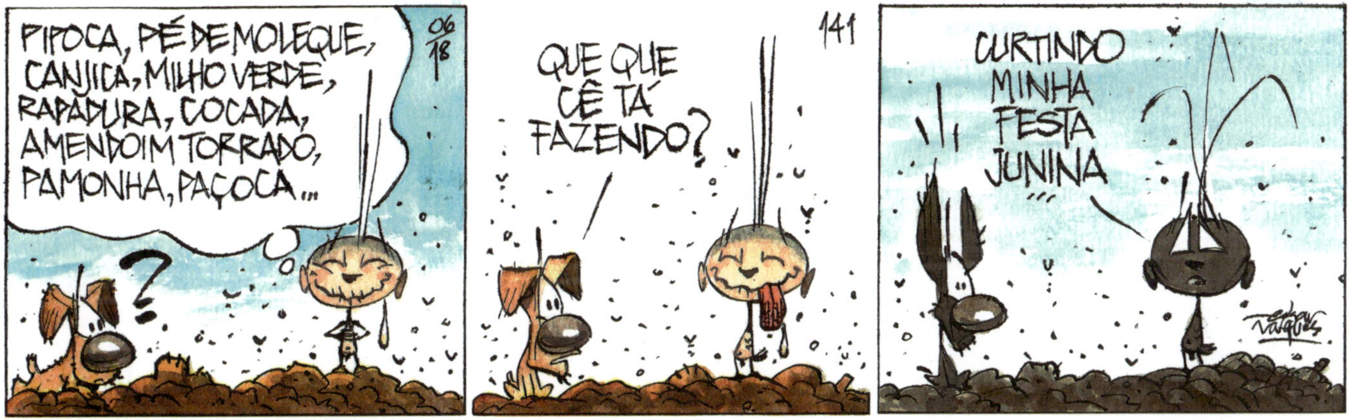
141
06/18
PIPOCA, PÉ DE MOLEQUE, CANJICA, MILHO VERDE, RAPADURA, COCADA, AMENDOIM TORRADO, PAMONHA, PAÇOCA...
?
QUE QUE CÊ TÁ FAZENDO?
CURTINDO MINHA FESTA JUNINA

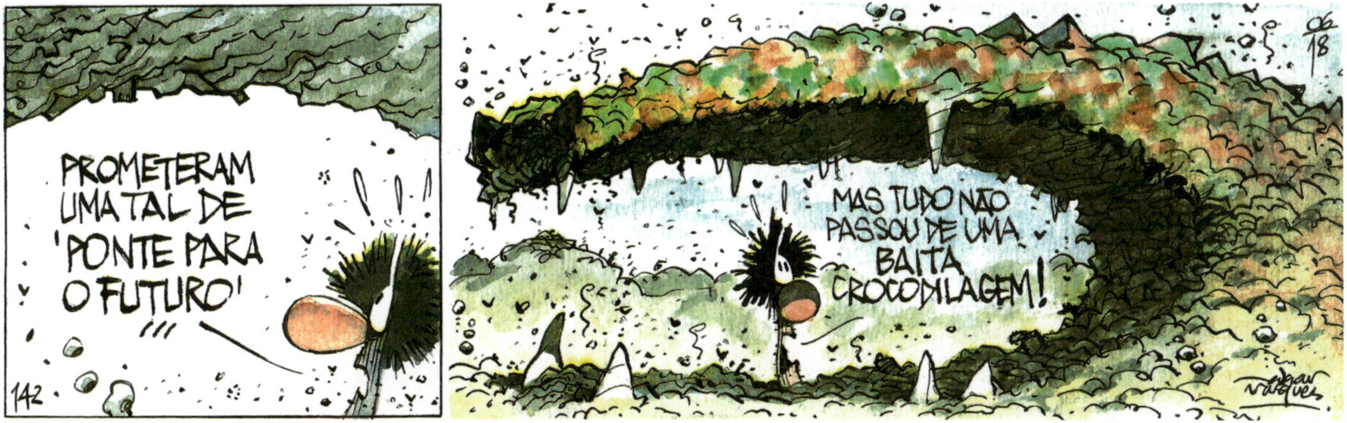
142
PROMETERAM UMA TAL DE 'PONTE PARA O FUTURO'
06/18
MAS TUDO NÃO PASSOU DE UMA BAITA CROCODILAGEM!

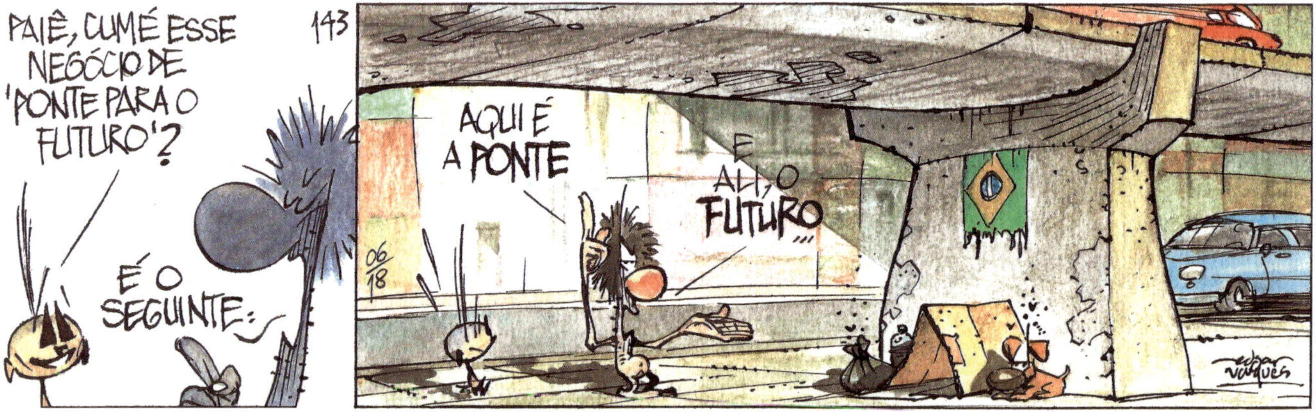
143
PAIÊ, CUMÉ ESSE NEGÓCIO DE 'PONTE PARA O FUTURO'?
É O SEGUINTE:
AQUI É A PONTE
E ALI, O FUTURO...
06/18

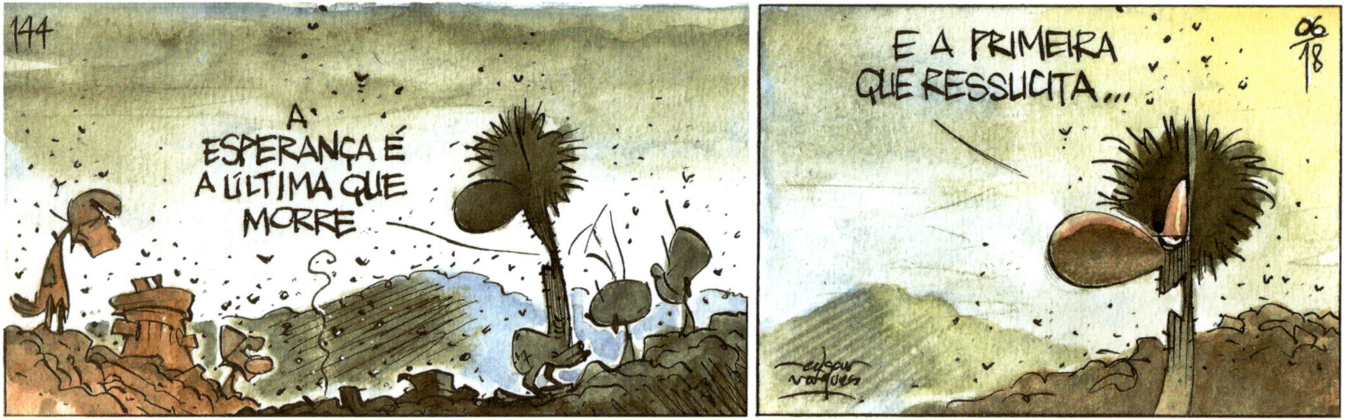
144
A ESPERANÇA É A ÚLTIMA QUE MORRE
E A PRIMEIRA QUE RESSUCITA...
06/18

SOBRE O AUTOR

Edgar Vasques, o primeiro escritor publicado pela L&PM, nasceu em 1949 em Porto Alegre. Na faculdade de Arquitetura teve a oportunidade de expressar sua habilidade para o desenho. Publicou pela primeira vez na revista *Grillus*, editada pelo Diretório Acadêmico da universidade, para a qual criou o personagem Rango – um dos mais célebres anti-heróis das tiras brasileiras, que se tornou um símbolo de resistência à ditadura militar. O primeiro livro de Rango, e também o primeiro livro da L&PM Editores, foi lançado em agosto de 1974, com prefácio do escritor Erico Verissimo.

Chargista, cartunista e exímio aquarelista, participou do *boom* do humor dos anos 70 e trabalhou nos jornais *Folha da Manhã* (RS), *Diário do Sul* (RS), *Pasquim* (RJ), revista *Versus*, *Playboy* (onde desenhava as aventuras do Analista de Bagé, personagem de Luis Fernando Verissimo) e *Coojornal*. Publicou no exterior pela revista *Charlie* (França). É autor de vários livros de caricatura, humor e histórias em quadrinhos, tendo publicado em 1999 a elogiadíssima HQ *Sottovoce*. Pela L&PM, já publicou *Rango* (2005), *Pega pra kaputt!* (2004), *Caras pintadas* (1993), *O gênio Gabiru* (1998), *Alô! Nova república? – o novo Brasil nas histórias do Rango* (1986), *O analista de Bagé* em quadrinhos (1983), entre outros.

lepmeditores

www.lpm.com.br
o site que conta tudo

IMPRESSÃO:

PALLOTTI
GRÁFICA

Santa Maria - RS | Fone: (55) 3220.4500
www.graficapallotti.com.br